おしゃれ文化史

飛鳥時代から江戸時代まで

ポーラ文化研究所

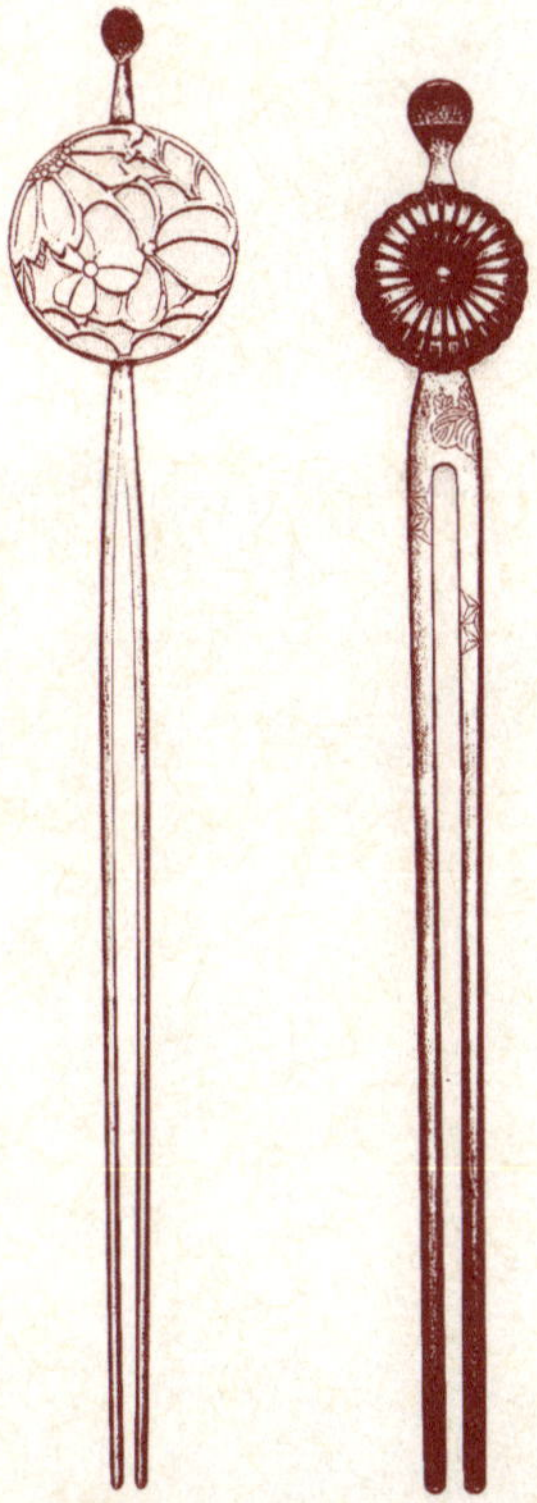

秀明大学出版会

第1章　伝統化粧のはじまりと発展

高松塚古墳《たかまつづかこふん》壁画　西壁女子群像
（国　文部科学省所管）

飛鳥美人の大陸風ファッション

「伊勢物語図色紙」

〈拡大〉手を洗う貴族女性

「源氏物語　若紫図」

優美な平安貴族の生活

「葉うた虎之巻」

江戸時代には、女髪結《おんなかみゆい》が登場

結髪に使う道具

べっ甲製の櫛《くし》・簪《かんざし》・笄《こうがい》

「美艶仙女香」

お顔の妙薬「美艶仙女香《びえんせんじょこう》」は、
江戸時代の大ヒット白粉《おしろい》

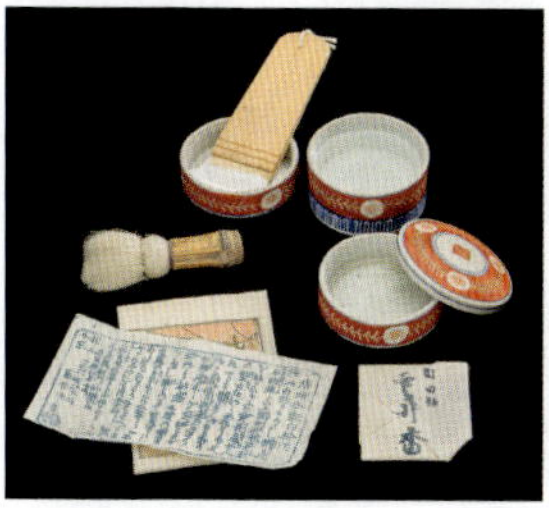

白粉は水で溶いて、刷毛《はけ》や指で
塗ります

今も昔も眉は重要な
メークポイント

「名筆浮世絵鑑」

第4章　浮世絵にみる「粋《いき》」

「亀戸初卯祭」

粋な芸者の立ち姿

「江戸名所百人美女　花川戸」

鏡の前でヘアセット

「今様見立士農工商　商人」

若い女性でにぎわう、浮世絵などを販売する店先

目次

はじめに

第1章　伝統化粧のはじまりと発展

第2章　江戸時代のよそおい

第3章　江戸時代の化粧

第4章　浮世絵にみる「粋《いき》」

装幀＝真田幸治

はじめに

近年、日本の伝統文化が世界から注目されています。懐石料理や寿司をはじめとする和食、能や歌舞伎といった伝統芸能、陶磁器や漆器などの伝統工芸、さらには茶道や華道など。日本が誇る数々の独自文化のひとつに化粧文化もあります。

伝統化粧といえば、まっ白な白粉《おしろい》と紅花の紅のメークアップ、そしてお歯黒も日本独自の慣習としてよく知られています。舞妓さんや日本舞踊の舞台などで見られる伝統的なよそおいや化粧は、江戸時代に完成した様式です。そして、この伝統様式は、平安時代から江戸時代中期までの約千年もの時を経てつくり上げられたものでもあります。

今日の日常生活では、伝統文化の影はどんどん薄くなっているようです。けれども、電化やIT化の進んだマンションでの生活でも、部屋では靴を脱ぐ習慣が続いているように、伝統文化は私たちの生活意識、価値観や感性の奥にあり続けています。

本書『おしゃれ文化史』では、第1章で伝統化粧のはじまりの飛鳥・奈良時代から安土・桃山時代までのおしゃれの変遷、第2章で化粧と密接な関係の江戸時代の髪型とファッション、第3章で江戸時代の化粧についてのあれこれ、第4章で江戸っ子の美意識である「粋《いき》」について取り上げています。

時代、時代に美を彩った数々のトレンド、メークアップやスキンケアの方法からは、現代の私たちの化粧・美容に通じる思いも伝わってきます。

いつの時代も「美」への探究は共通する関心事です。そこには新たな気づきもあります。

第1章 伝統化粧のはじまりと発展

1　おしゃれ化粧の第一歩　～大陸から伝わった化粧～

「日本の伝統的なよそおい」ってどんなもの？

もしも海外の方に聞かれたら、皆さんならどう答えますか？　帯を結んだ着物姿に結い上げた日本髪の「時代劇」に出てくる女性の姿でしょうか。和装の花嫁さんや舞妓さんのよそおいと答えた方もいるかもしれません。そうした伝統的なよそおいの化粧といえば、真っ白な白粉《おしろい》や赤い紅化粧などが思い浮かびます。では、化粧はいつ頃、どんな風に日本ではじまったのでしょう。

古代の日本人がしていた化粧は、顔に赤い色を塗ることで〝魔除け〟にするなど、呪術的・信仰的な意味合いが強かったといわれています。その後、国内が統一されてきた飛鳥・奈良時代になると社会や文化に大きな変革がおき､化粧の文化も大きく変化しています。この変革をもたらしたのは中国大陸の文化でした。

当時、中国大陸では隋《ずい》や唐《とう》が大帝国を築き上げ、その豊かな文化は周辺諸国に多大な影響を与えています。海をへだてた日本も遣隋使・遣唐使などを何度も派遣して大陸の進んだ制度や技術、知識、文化を積極的に取り入れました。この大陸文化の伝来が「日本の伝統化粧のはじまり」です。

大陸のはなやかな服装や化粧を知り、目にすることができたのは、宮廷人など一部の人。海を越えて持ち込まれた書物や絵画から知るファッションや化粧の情報は、宮廷女性たちのおしゃれ心に火をつけたのでしょう。また、最先端のファッションや化粧を取り入れた姿は、高貴な身分のステータスシンボルとなっていきました。

おしゃれ情報も
海を渡って！

復元遣唐使船

遣隋使、遣唐使は朝廷が隋や唐に派遣した使節。航海には危険がつきもので、命を落とすことも少なくありませんでした。

2　高松塚古墳《たかまつづかこふん》の最先端ファッション

一九七二年、奈良県高市郡明日香村にある高松塚古墳（七世紀末～八世紀初）の発掘調査で鮮やかな色彩の壁画が見つかりました。日本初の彩色壁画が発見されたニュースは日本中をかけめぐり、大騒ぎとなりました。高松塚古墳の壁画は、のちに国宝にも指定されるほどの世紀の大発見でした。

古墳の内部は盗掘で荒らされていましたが、土のなかに埋まっていた石室には、東西南北を守る四神のうちの青竜《せいりゅう》、白虎《びゃっこ》、玄武《げんぶ》や金箔の星の天文図のほか、宮中の儀式のようすをあらわしていると見られる男女の人物群像が描かれていました。とくに注目されたのは、色彩豊かに描かれた四人一組の八人の女性たちの姿です。

ゆったりとした上衣、腰のところで結ばれた細い帯、裳《も》と呼ばれるスカート式の下衣を身につけ、おでこを見せて髪を束ねまとめた美しい女性たち。服装や人物の構図は、中国大陸にある唐《とう》や高句麗《こうくり》の壁画にとても似ていると指摘されています。日本の古墳の壁画に鮮明に描かれていた女性たちは、大陸スタイルの最先端ファッションを身にまとっていたのです。

描かれた女性像は服装や持ち物から高い位の人々と考えられています。「飛鳥美人」と呼ばれる貴婦人たちの壁画は、今に残る最古のファッショングラビアといえるかもしれません。

トレンドリーダー!?

〈拡大〉

高松塚古墳壁画　西壁女子群像（国　文部科学省所管）

飛鳥美人とも呼ばれる女性たち。千年以上の時を超え、当時のヘアスタイルやファッションを伝えてくれます。

3　樹下美人の国際色豊かなメーク

「奈良の大仏」で有名な東大寺に校倉《あぜくら》造りの大きな高床式倉庫「正倉院」があります。奈良時代、光明皇后が夫である聖武天皇の冥福を祈るため、生前愛用していた品々を東大寺に献じたのが正倉院宝物のはじまりです。宮廷文化のようすを物語るはなやかな宝物。その多くが奈良時代のもので、大陸からの舶来の品々、日本で制作された美術工芸品や文書など約九千点もの品々が今に伝わります。

有名な宝物の一つに「鳥毛立女屏風《とりげりつじょのびょうぶ》」があります。六扇からなる屏風には、樹の下にたたずむ華麗な女性が描かれています。女性の髪や衣服に日本のヤマドリの羽根が貼られていたことや、下貼紙の文書から日本でつくられていたことがわかりました。樹下に美人を配置する構図は西アジア・インドを源流とするといわれ、唐代につくられた墓の壁画にも見られます。構図だけでなく、女性の衣装、そして化粧にも大陸の影響が色濃くあらわれています。

描かれた女性の顔を見ると、眉は太く弧を描くような弓なりの形、ふっくらとした頬はピンク色、厚く描かれた唇は真っ赤な紅で彩られています。さらに唇の両側には「靨鈿《ようでん》」

と呼ばれる緑色の点と、眉間には「花鈿《かでん》」という花のような模様があります。これらは、唐のポイントメークと同じ特徴です。

国際色豊かな宝物が集められていた奈良時代。「鳥毛立女屏風」にみる女性の顔は、当時の宮廷女性たちあこがれの大陸風メークのようすを今に伝えています。

〈拡大〉

宮廷女子も大陸風メークを「新しい！」「エキゾチック！」と話していたのかも？

「鳥毛立女屏風」

4　日本ではじめてつくられた白粉《おしろい》　～女帝が喜んだ贈り物～

大陸風の化粧をほどこす女性のようすは、高松塚古墳《たかまつづかこふん》の壁画や正倉院の鳥毛立女屏風《とりげりつじょのびょうぶ》からうかがい知ることができますが、どんな化粧品を使っていたのでしょうか？

飛鳥・奈良時代、中国大陸から仏教やさまざまな文化、技術と一緒に白粉・紅なども日本に伝わっています。この時代、日本国内においては貝殻の粉や米の粉を原料にした白粉がつくられ使用されていましたが、化粧史における重要な出来事が歴史書『日本書紀』に書かれています。

持統天皇《じとうてんのう》六（六九二）年。奈良にある元興寺の観成《かんじょう》という僧が大陸で使われていた鉛粉《えんふん》をつくり、女帝である持統天皇に献上したところ大変ほめられ、褒美が与えられたという記述です。これが、国産の鉛白粉《なまりおしろい》が登場した最も古い記録です。舶来品はとても貴重だった時代。鉛白粉の製造は大きな一歩でした。ここから白粉化粧の新たな一ページが開かれたのです。

鉛からつくった白粉は、従来の米粉などの白粉に比べ、ツキもノビも圧倒的によく、いっそう白く美しく肌を演出できるものでした。

国内で鉛白粉が大量につくられるのはもっと後の時代ですが、鉛白粉の登場は、日本の白粉化粧の発展において重要な出来事でした。

女帝も鉛白粉を使っていたのかも？

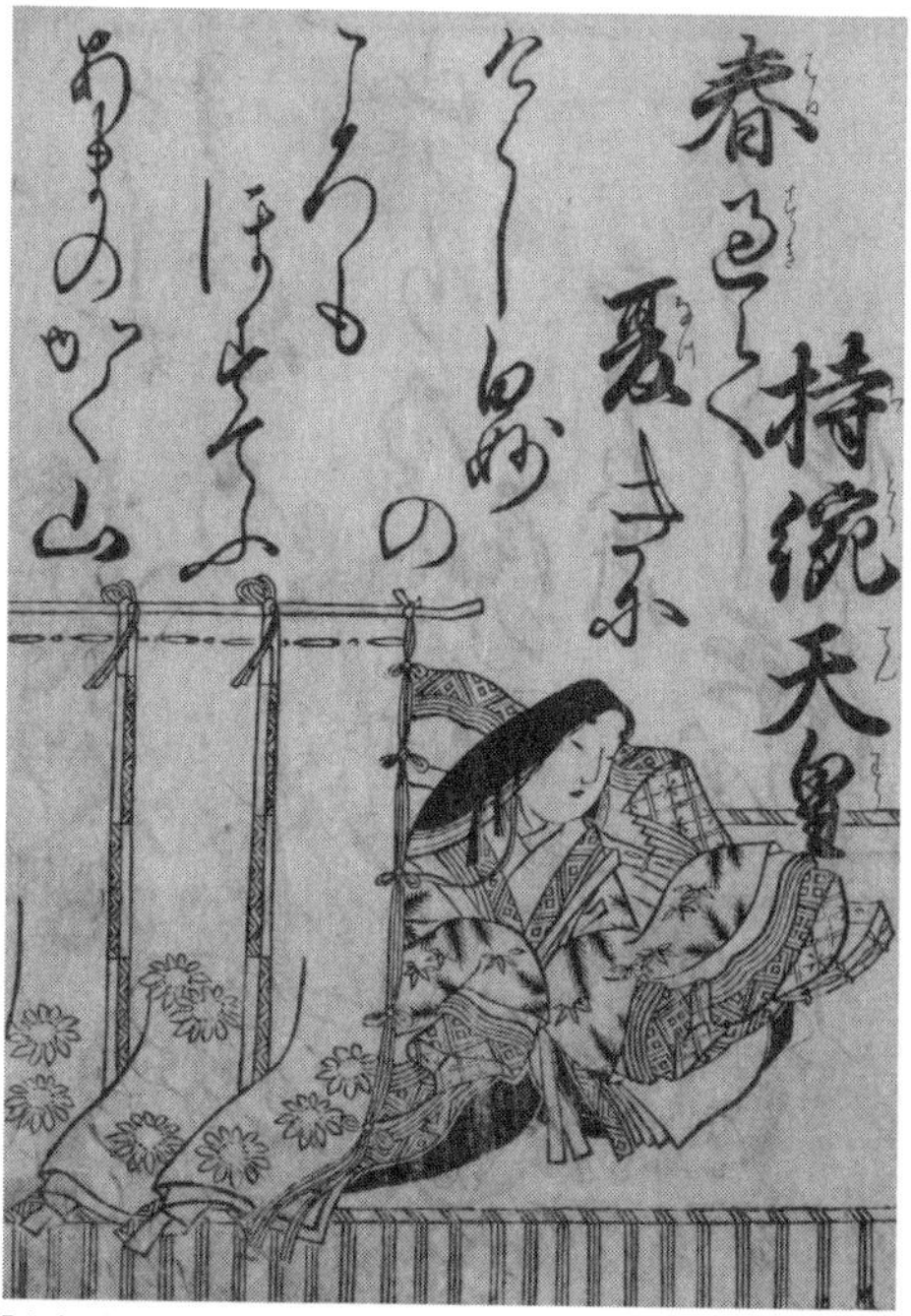

「小倉百人一首（持統天皇）」

持統天皇はすぐれた歌人でもあり、熱心に政事に取り組んだ女帝でした。

5　お風呂の元祖

お風呂の歴史には仏教と密接な関係があります。六世紀、仏教が日本に伝来し各地に寺院が建立されています。大寺院に建つ七堂伽藍《しちどうがらん》のひとつには、浴堂と呼ばれる身を清める施設がつくられていました。これが日本のお風呂の元祖といわれています。

仏教では沐浴《もくよく》の功徳を教えていて、八世紀頃に伝来した『温室経』には入浴に必要な七物を整えれば、七病を除いて七福を得ると説かれています。その七物のなかに小豆《あずき》の粉でつくる洗浄料「澡豆《そうず》」があります。小豆などの豆粉には汚れを落とす発泡性の成分「サポニン」が多く含まれており、古くから洗浄料として使われていました。

奈良時代、仏教を篤く信仰した光明皇后は社会福祉に取り組み、施薬院などの救療施設を設けたという話が伝わっていますが、法華寺につくられた入浴施設もそのひとつです。

お風呂のルーツにあったのは、仏教の教えの入浴。温かい湯を浴びる風呂を知ったこの時代から、しだいに日本人の入浴は清潔観とセットになり習慣化されていきます。

「東大寺縁起絵巻」（室町時代）

仏教の教えのもと、光明皇后が自ら貧しい人や病人に入浴をほどこしたという伝説も残されています。

6　国風文化に変わる化粧　〜平安貴族がつくった文化〜

平安時代に入った寛平六（八九四）年、遣唐大使に任命された菅原道真《すがわらのみちざね》が「唐は衰退しており、危険な航海をしてまでいく必要はない」と派遣の見直しを宇多天皇《うだてんのう》に進言、遣唐使は中止に。そして延喜七（九〇七）年、栄華をきわめた唐王朝が滅びると遣唐使は廃止されます。その後、中国大陸とは疎遠になった日本ですが、それまで学んだ大陸文化を土台に新たな美意識がめばえ、国風文化と呼ばれる日本独自の文化が貴族を中心につくられていきました。

貴族の生活文化は、国風様式へと大きく様変わりします。貴族の住まいは、寝殿造《しんでんづくり》という建築様式の邸宅で、その室内には日本の風物を題材にした大和絵が飾られ、日本独自に発達した金粉や貝殻で装飾した漆工芸の調度品の数々が並べられた優美なものでした。

貴族の衣装も唐風から国風に変わり、貴族の女性はのちに十二単《じゅうにひとえ》とよばれる袿《うちぎ》を何枚も重ねた女房装束《にょうぼうしょうぞく》が正装となります。はなやかな衣装を着た高貴な女性たちですが、生活の中心は広くて昼でも薄暗い部屋、人に会うのは御簾《みす》（すだれ）の陰からというのが日常の生活スタイルでもありました。

国風文化の美意識や生活スタイルは、女性の化粧にも大きな影響を与えることとなり、大陸風化粧から優美な国風の化粧法へと大きく変わっていきます。

「源氏物語　若紫図」

貴族の住宅である寝殿造。日本の住宅の源流ともいわれています。

7　平安美人は白肌が条件

平安時代、男性貴族にとって漢文の読み書きは一般教養。貴族のたしなみだった漢詩には楊貴妃《ようきひ》などの美人が讃えられていますが、その美しさの描写では、〝白い肌〟は美人の条件として詠まれています。こうした中国から伝わった漢詩の表現からも貴族たちは「白い肌＝美人」という審美観に触れていました。

日本で生まれた文学作品『源氏物語』でも、「白く美しげに、透きたるやうに見ゆる御膚《はだ》つきなど」とあり、「肌がきれいで透き通っているように見えるのはこの世にまたとないほど可愛らしい」と白い肌を大絶賛。ほかにも平安時代の医学書『医心方《いしんぽう》』に植物でつくった内服薬で色白美人にする方法が記されています。

大陸文化に学んだ「白い肌＝美人」の美人観は、平安時代末までには日本の文化に定着していたと考えられています。この美人観が人々に根付いていった理由としては、見た目の美しさだけではなく、戸外の労働をしない高貴な女性は日焼けのない白い肌であったことから、高貴なさまへのあこがれと重なって「白い肌＝美人」という美人観になったという説も。

あこがれの平安美人の白い肌。日本の美人観のひとつとして現在まで連綿と受けつがれているのです。

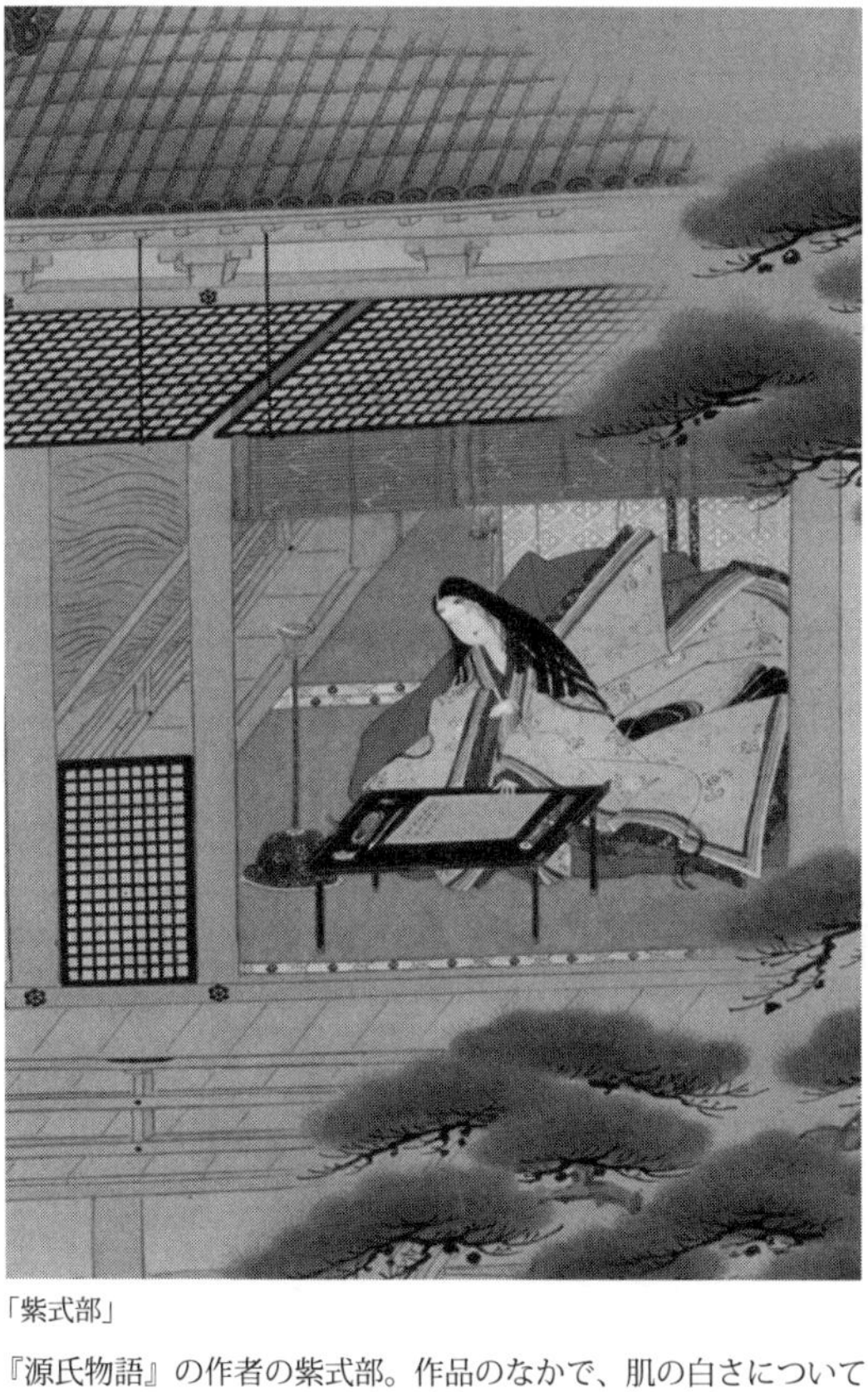

「紫式部」

『源氏物語』の作者の紫式部。作品のなかで、肌の白さについてたびたび記しています。

8　三色の化粧　白の化粧　～平安貴族の白粉《おしろい》化粧～

江戸時代まで続く日本の伝統化粧の基本となるのが、赤・白・黒のメーク。この基礎がつくられたのが平安時代です。けれどもこの時代に化粧品は貴重なもの。化粧をすることができたのは、支配階級の貴族など限られた一部の人々だけでしたが、こうした人々の慣習や美意識が日本の伝統化粧の基礎となったのです。

白肌美人をめざす化粧で基本となる白の化粧・白粉。平安時代には、「しろきもの」「ハフニ」などと呼ばれていた鉱物性の鉛白粉《なまりおしろい》と米や粟などの穀物の粉からつくった白粉などがありました。白い肌を求めた貴族の女性たちにとって、白粉化粧は欠かせないものでした。

ところで、平安時代の貴族たちが暮らした「寝殿造《しんでんづくり》」の邸宅は、部屋が広い上に軒《のき》が深いつくり。昼間でも日の光が十分にとどかず薄暗く、夜は油を灯したほのかな明かりという現代と比べると暗い生活環境だったとか。こうした明るさのとぼしい部屋のなかでは、真っ白な白粉化粧の顔が、とても美しく引き立って見えたと想像できます。

ふだんの生活では、他人に顔を見せないようにするのがたしなみだった貴族の女性は、人と会うのも御簾《みす》（すだれ）の陰から。貴族女性の白粉化粧は、暗い部屋の御簾越しに会う人の目には、貴い輝きとして映っていたことでしょう。

セレブのあかし
白い肌！

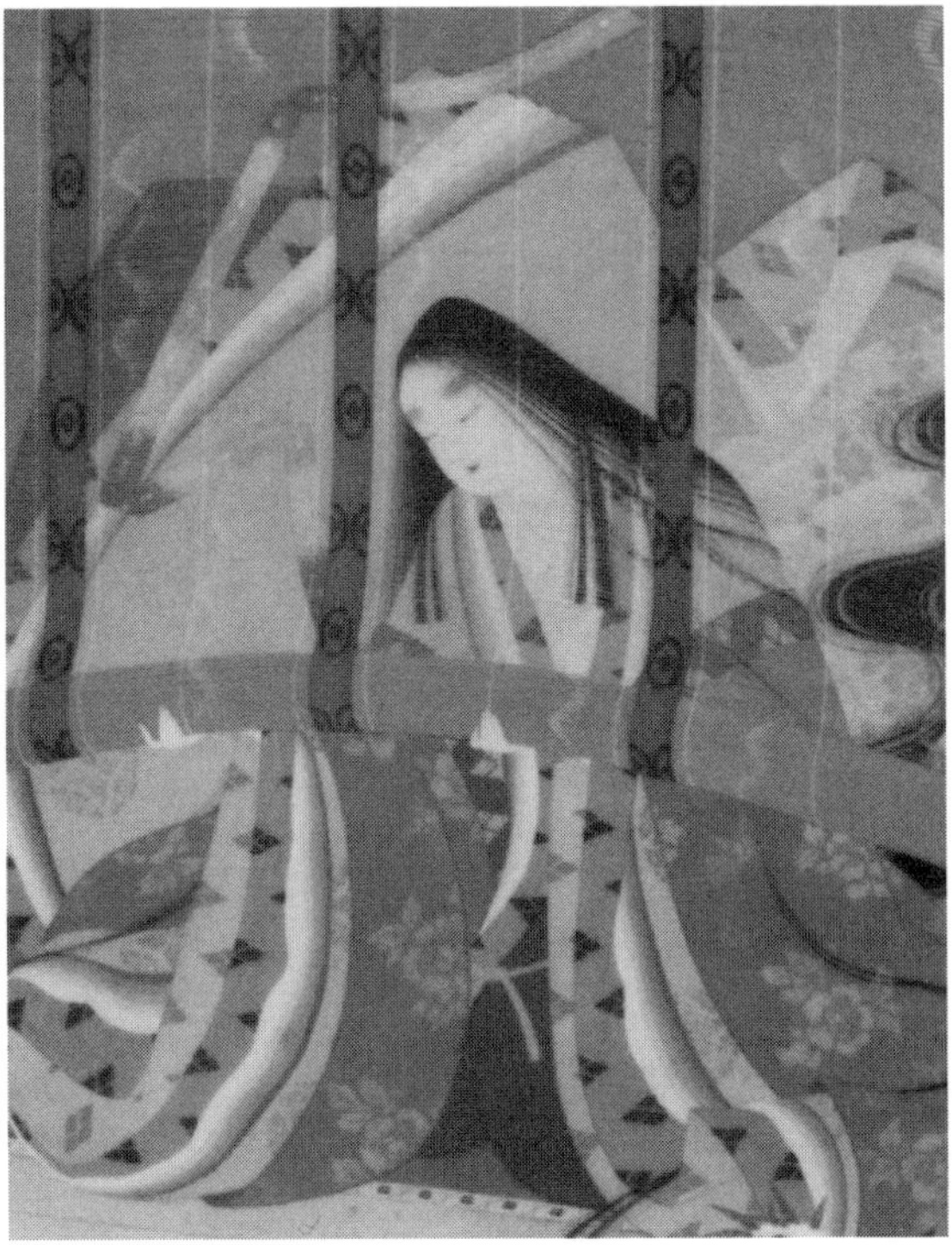

「雪月花」

御簾越しに白い肌を伝えるためにも白粉化粧を念入りにしていたのかも？

9　三色の化粧　黒の化粧①　〜眉毛を抜いた化粧〜

平安時代になると、眉化粧も日本独自のものとなっていきます。成人のしるしとして眉毛をすべて抜き、白粉《おしろい》を塗った上に眉墨で、もとの眉の少し上くらいの位置に別に眉を描く眉化粧が、貴族の化粧法でした。

『源氏物語』にも、「歯黒めも、まだしかりけるを、ひきつくろはせ給へれば、眉のけざやかになりたるも、美しう清らなり」と、お歯黒はまだだが、眉を抜いて眉墨を引いたので美しくなったという描写があります。貴族の女性は、年頃になると眉墨を使い眉化粧を行うことで、美しい大人の女性へとステップアップしたのです。

ところで、「なぜ、生まれながらの眉とは全く別のところに眉を描く化粧が生まれたのか？」という疑問については、はっきりとしたことはわかっていません。

眉は感情が強くあらわれるところから、一説には「額《ひたい》に描いた眉なら感情とともに動いてしまうようなこともないので、穏やかで高貴な表情になるという美意識から」と。また、「ふくよかな顔が好まれたので眉を上の方に描いて平面的でやわらかい印象にした」ともいわれています。

こうした眉化粧は江戸時代まで、公家や武家の一部の人々の間で慣習として続けられていました。

〈拡大〉

額上部の眉化粧が実に特徴的。時代による美意識の違いが実感できるメーク法です。

「三十六歌仙額（小大君）」

10　三色の化粧　黒の化粧②　〜まっ黒な歯　お歯黒〜

平安時代の貴族女性は、眉化粧と同様に成人のしるしとして歯を黒くする化粧「お歯黒」をしていました。歯を黒くするなんて！　現在ではとても考えられないことですが、弥生時代の日本のようすが記された中国の歴史書『魏志《ぎし》』倭人伝《わじんでん》に「黒歯国《こくしこく》」という記述があります。黒歯が具体的にどのようなものかは記されていませんが、お歯黒に通じる化粧だと考えられています。

お歯黒の化粧料は、ウルシ科のヌルデの木にできる虫瘤《むしこぶ》を乾燥させて粉にした「五倍子《ふし》の粉《こ》」と、酢、米のとぎ汁、酒、錆《さ》びた鉄などを原料にしてつくった「お歯黒水」と呼ぶ液体です。お歯黒水と五倍子粉を歯に塗ると、お歯黒水の主成分である酢酸第一鉄と五倍子粉のタンニン酸とが化学反応して、歯が黒く染まります。

『堤中納言物語』のなかの「蟲愛《むしめ》づる姫君」には、「眉さらに抜き給はず、歯ぐろめさらに、うるさし、きたなし、とつけ給はず」と、大人になったのに眉化粧やお歯黒もせず、虫ばかり可愛がる姫を変わり者として描いています。平安貴族の間では、お歯黒は眉化粧と同じく大人の女性の美しさをあらわす大切な化粧だったのです。

お歯黒は平安時代以降、成人や結婚といった女性の節目の通過儀礼に深く結びつき、後には貴族以外の女性たちの間にも広く定着していきます。

〈拡大〉

お歯黒化粧は平安時代の貴族たちの通過儀礼でもありました。

「松崎天神縁起絵巻」

11　三色の化粧　赤の化粧　～彩りの化粧～

紅の原料となる紅花はエジプトなどが原産地にあげられていますが、日本においても三世紀頃には紅花が存在していたことが奈良県桜井市の纏向《まきむく》遺跡で見つかった花粉から確認されています。また、平安時代の記録には、日本国内で紅がつくられていたことが書かれています。

しかし、平安時代の人々がどのように紅化粧をしていたのかは、手がかりになる資料が少なく具体的にはわかっていません。

残された数少ない記録のなかに、平安時代の朝廷の儀式や礼法などを記した『江家次第《ごうけしだい》』という貴重な資料があります。『江家次第』には口紅用の箱と考えられる「口脂筥《こうしばこ》」という記載があります。「口脂」とは口紅のことです。

また、平安文学の『源氏物語』には、「紅というものいと赤らかにつけて」と女性が口紅か頬紅を濃くつけているという描写があり、紅化粧が行われていたことがわかります。『源氏物語』を絵巻物とした『源氏物語絵巻』に描かれた人物は、紅化粧をほどこしたような赤い小さな唇が印象的です。

日本の伝統化粧の白、黒、赤の三色の化粧のうちの紅化粧。はなやかさを演出する大切な化粧の紅は、平安の女性たちを色鮮やかに彩っていたことでしょう。

〈拡大〉

平安の女性たちもはなやかな紅に心躍らせていたのかも。

「源氏物語絵巻　夕霧」

12　平安貴族のファッション　～彩り豊かな十二単《じゅうにひとえ》～

平安時代を描いた絵巻物を見ると、幾重にも重ねた美しい着物をゆったりと着ている貴族の女性の姿があります。

女性たちが着ている代表的な装束が「十二単」です。宮廷につかえた貴族の女性の正装を指しますが、十二単は後の時代の呼び方で、正しくは「女房装束《にょうぼうしょうぞく》」といいます。十二単は「単《ひとえ》」という薄い絹の着物を十二枚重ねるという意味ですが、実際の枚数は十二枚と限定したものではなく、数枚から二十枚以上という場合もありました。正装は、単の上に数枚の袿《うちぎ》を重ね、唐衣《からぎぬ》と裳《も》をつけたよそおいです。日常では、女性たちは、季節によって袿を重ねる枚数を調整して、京の都の夏の蒸し暑さや厳しい冬の寒さをしのいで暮らしていたそうです。

十二単は着物を何枚も着ることから色の組み合わせがとても重要でした。重ねた色目の美しさだけでなく、季節感も大切にされ、『源氏物語』竹河の巻では、姫君の装束の桜色、山吹色の色目について、春の季節にぴったり合っていると愛でています。また、『枕草子』には季節はずれの紅梅色のよそおいは〝すさまじきもの〟という一文があり、作者の清少納言は、季節と合わない色のコーディネートは興ざめだと非難しています。

十二単の彩り豊かなファッション。衿や裾、袖口に見える美しい色の重なりからは、雅やかな美しさだけでなく、季節に敏感な日本的ファッションセンスがつちかわれていたことが、時を超えて伝わってきます。

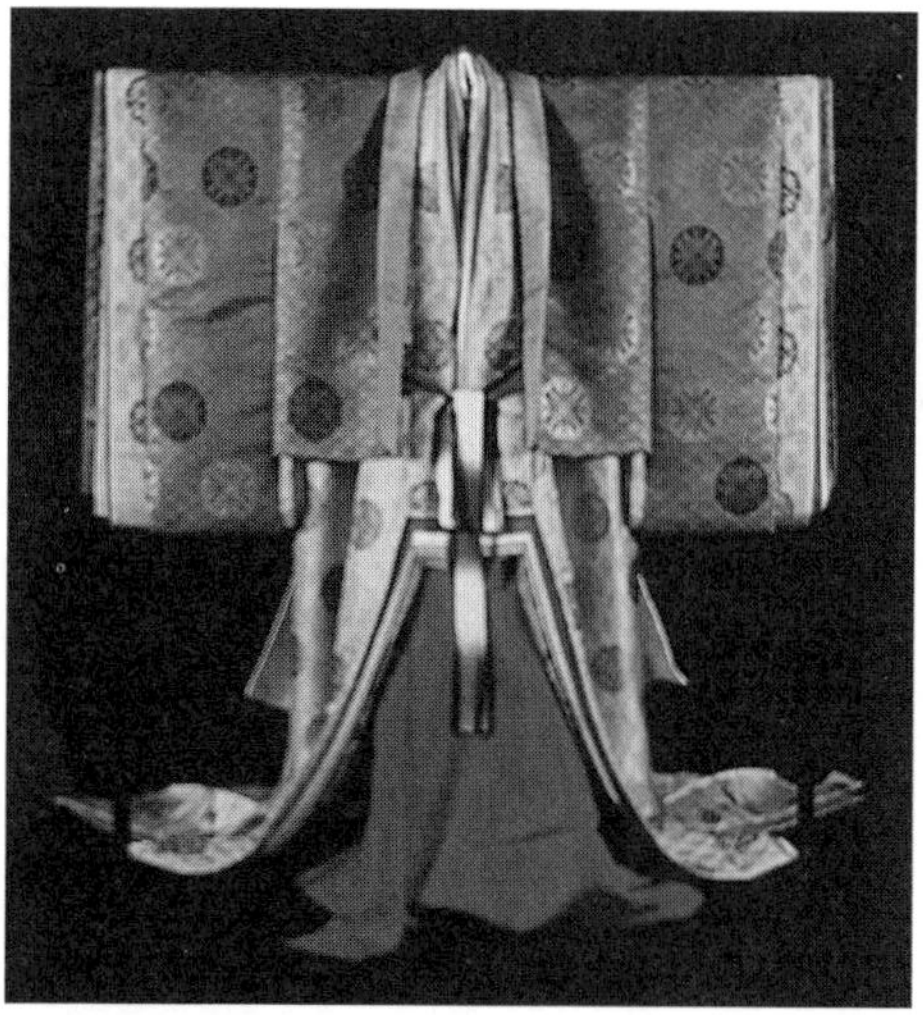

女房装束（復元）

十二単の総重量は十キロ以上。優雅なよそおいには体力も必要だったようです。

13　平安美人の条件は超ロングのストレートヘア

美しい女性は長い黒髪でなければならなかった平安時代。当時、貴族女性は「垂髪《すいはつ》」と呼ばれる髪を自然のままに垂らしたヘアスタイルでした。艶やかで黒く真っ直ぐな髪が好まれ、長ければ長いほど美しいとされていました。文学作品にはたびたび髪の美しさが述べられていて、なかには、長さは背丈以上におよんだという描写もあります。時にはつけ毛も用いられたそうです。

平安時代、最も美しく長い髪を持っていたとされるのが村上天皇の女御《にょうご》であった藤原芳子《ふじわらのよしこ》。美しい才女である藤原芳子の髪は、牛車に乗っても髪の先が家のなかにあったというほど長かったとか。この逸話の真偽のほどはさておいて、長い髪を美しいとする平安時代の美人観が伝わってきます。

清少納言の随筆『枕草子』にも「かみいと長くうるはしく、さがりばなどめでたき人」と、髪が長く美しく、垂れた髪の先などがみごとな人はうらやましいと書かれています。その一方で、身分の低い人は髪を短くすべきだとも。立ち働く人々にとっては、貴族のように長い髪はやはり仕事の邪魔、かいがいしく働く姿も美しいと感じていたのでしょうか。

長い髪を邪魔と思うことなく、歌を詠んだり、香を楽しむ生活を送る貴族女性たちは、髪を束ねる必要もありません。艶やかな長い黒髪の垂髪はぜいたくなおしゃれだったのです。

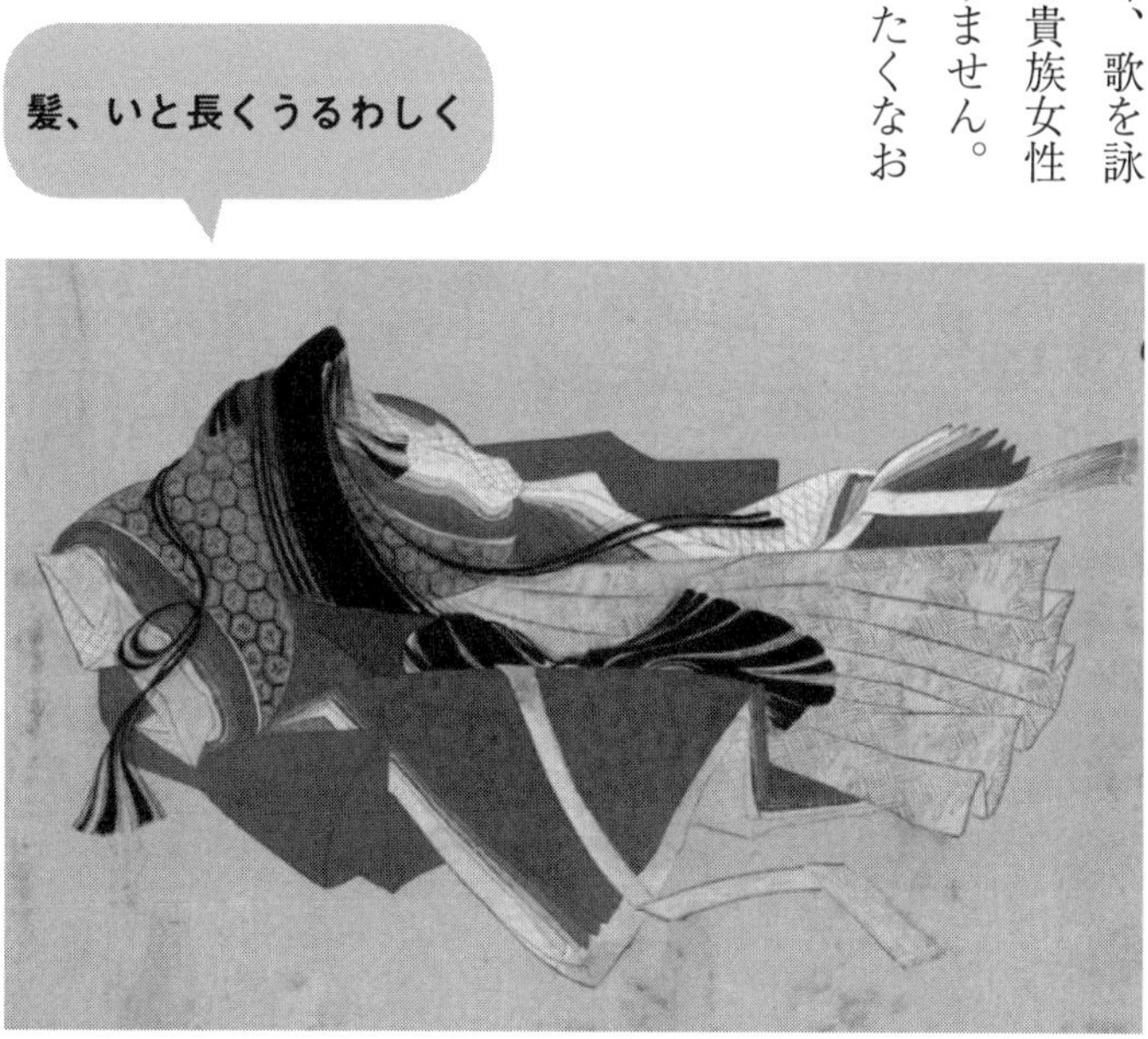

「佐竹本三十六歌仙絵巻」

背丈以上の黒髪。世界最長の髪は五・六メートルという記録があります。

14　黒髪のお手入れ　～洗髪～

現代の私たちにとって、髪を洗うのは日常的なことです。けれども、水道もシャワーもない平安時代の女性は、長くのばした髪の手入れをどのようにしていたのでしょうか？平安時代は当然、シャンプーなどはありません。洗髪料には「泔《ゆする》」と呼ばれる米のとぎ汁や灰汁《あく》（灰を溶かした水の上澄み）を使っていました。米のとぎ汁や灰汁にはヘアケア効果や洗浄効果があり、洗髪や髪の手入れに使われていたのです。洗髪については『宇津《うつ》保《ほ》物語』の記述から、平安貴族の女性の洗髪のようすをうかがい知ることができます。

物語では、冬の寒い日、侍女たちが姫君の髪を湯と「泔」で洗うと、その後母屋に移り、濡れた髪をよく拭いて風通しを良くして乾かしますが、薫物《たきもの》をくべた火桶《ひおけ》（炭火をおこしてある鉢）を使って乾かしたりもしています。姫君の長い髪を洗うのは、朝早くから日が暮れるまでの一日がかりの大仕事であったともあります。

通常の髪の手入れは櫛で髪をすいていました。長い髪を櫛ですくのは、侍女の仕事。超ロングヘアを美しくキープするのはとても大変なこと、ぜいたくを許された女性だけの特権だったようです。

「源氏物語絵巻　東屋」〈部分〉

〈拡大〉

長い髪のお手入れは手間と時間がかかりました。

15　香りのおしゃれ　～愉しむ香り　いやしの香り～

香は、仏教の伝来とともに日本に伝えられたといわれ、飛鳥・奈良時代は仏に祈る際に供える「供香《ぐこう》」として用いられていました。

平安時代になると、貴族たちは仏への供えとは別に、香を日常生活で楽しみはじめています。大流行したのが「空薫物《そらだきもの》」。空薫物とは、香木の沈香《じんこう》や白檀《びゃくだん》など各種の香料を練り合わせたものを部屋に焚《た》きしめるルームフレグランスです。高い身分で財力がなければよい香料は手に入らず、そのうえセンスがなければよい香りはつくれません。自分好みの香りをつくって使いこなすことは、その人の知力、財力、個性のすべてを表現することでもありました。

当時、貴族の女性が他人に会うときは、御簾《みす》の後ろに控えていたり、扇で顔を隠すのがマナー。容姿をあらわに見せたりしませんが、空薫物の香りを部屋に焚きこめて会う人を迎えていたそうです。また部屋だけにとどまらず、文や着物にも香りを焚きしめて、自分のサインのようにしていました。

香りは女性にとって自分を表現する手立てでしたが、また自身のいやしでもありました。

『枕草子』には「心ときめきするもの……よき薫物をたきてひとり伏したる」と、よい香りを焚いてひとり横になることは心ときめくものだと書かれています。目に見えることだけに頼らない香りのおしゃれには、平安文化の奥深さが感じられます。

〈拡大〉

貴族の生活のなかには香りがありました。

「源氏物語絵色紙帖　眞木柱　詞日野資勝」

16　平安時代のスキンケア

平安時代の洗顔や保湿といったスキンケアの方法についての詳細な記録は残されていませんが、肌の手入れが行われていたと考えられる手がかりはいくつか残っています。

そのひとつは、平安時代に編纂《へんさん》された『延喜式《えんぎしき》』に記された「澡豆《そうず》」と「皂莢《さいかち》」という名です。「澡豆」は、大豆や小豆の粉を原料とした洗浄料で、豆粉には「サポニン」という成分が多く含まれていて汚れを落とす作用があります。マメ科の植物の「皂莢」も果皮にサポニンを含んでいて、古くから洗浄料として使われているものです。この記述から平安の貴族女性は、こういった自然由来の洗浄料で洗顔をしていたのではないかと考えられています。

さらに、同じく平安時代に記された『江家次第《ごうけしだい》』には「面《めん》脂《し》」という字句の記載があります。面は顔、脂はあぶらを意味

「伊勢物語図色紙」

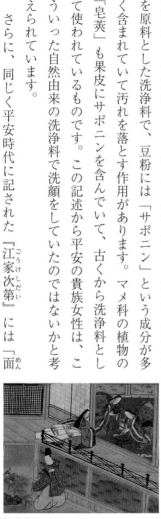

し、面脂は顔に塗るあぶらのことを指す言葉と読めます。面脂についての詳細はわかっていませんが、肌の保湿のためのスキンケア品として、肌に艶を与えたり、白粉下として使われた可能性が考えられます。

現代では九割もの女性が行っているスキンケア。平安時代の貴族女性たちにも、素肌を整えるスキンケア意識がめばえていたようです。

〈拡大〉
水道のない時代。水さしから注ぐ水で女性が手を洗っています。

17 平安時代の男性化粧

平安時代、貴族の女性が行っていた白粉《おしろい》化粧、お歯黒、眉化粧、紅化粧といった化粧。こうした化粧は、優雅な生活を送る貴族の男性たちにも取り入れられていました。

男性化粧がいつ頃からはじまったのかは明らかではありませんが、江戸時代後期に刊行された有職故実書《ゆうそくこじつしょ》『貞丈雑記《ていじょうざっき》』に男性化粧に関する記述があります。その本には、平安時代の源有仁《みなもとのありひと》という男性貴族が、お歯黒で歯を黒く染め、白粉、紅をつけ、眉を抜くなど、女性をまねて化粧をしはじめたとあります。有仁は由緒ある家柄で、風流を好み、歌や音楽に秀でていたいわば理想の男性。有仁の化粧に触発されて、男性貴族に化粧が広がっていったのかもしれません。

平安時代後期になると武士が台頭し、平清盛を中心とする平氏が政権を握る時代へとなっていきます。権力者となった平氏の上位者は公家の生活をまねるようになり、化粧をすることも取り入れられています。

平氏の栄華と没落までの物語『平家物語』では、平氏の武将は出陣の際にも化粧をしていたことを描いています。なかでも有名なのが平敦盛《たいらのあつもり》の最期。敵方の武将・熊谷直実《くまがいなおざね》が自分の子と同じ年頃である敦盛の首を泣く泣く掻き切ったというエピソードのなかで、敦盛の顔は、薄く化粧をほどこし、お歯黒をしたとてもうるわしいものだったと語られています。この時代、メークをした男性を美しいと思う感性があったようです。

オトコのメーク！

「平家物語（奈良絵本）　敦盛最期」

白粉化粧をほどこす敦盛の顔は、敵方の武将より白く描かれています。

18　貴族社会から武士の社会へ　変わるよそおい

平安時代末期になると、貴族を中心とするはなやかな時代から、しだいに武力をそなえた地方の豪族、いわゆる武士が台頭する時代へとうつっていきます。

建久三（一一九二）年、源頼朝《みなもとのよりとも》が征夷大将軍となり鎌倉幕府が名実ともに成立すると、ついに武家政権の時代となります。政治の中心が朝廷から幕府に移り、文化の担い手も貴族から武士へと移って武家の文化がつくられていきます。

優雅で装飾的な生活を好んだ平安貴

族とは異なり、武士の生活は簡素で武芸を身につけることを重視したものでした。走らせた馬の上から的を射る流鏑馬《やぶさめ》や馬上から遠くの的に矢を射る笠懸《かさがけ》、放たれた犬を追い回して矢を射る犬追物《いぬおうもの》などが、武芸の訓練としてよく行われました。

武士が支配する社会は鎌倉、室町、安土・桃山時代と続き、武士集団同士の権力争いが頻繁におこる世のなかでもありました。社会も人々の生活も不安定な動乱期。女性の化粧・髪型・ファッションも武士社会の動向と連動するように、新しいよそおいへと大きく転換していきます。

武芸に励む武士たち。笠懸のようすが描かれています。

「男衾三郎絵詞」〈部分〉

19　実用的になった服装　表に出た小袖《こそで》

鎌倉時代以降における女性のよそおいの変化で何より注目されるのが服装です。

「小袖」が表着《おもてぎ》として定着しました。小袖は、平安貴族の装束《しょうぞく》の下着だったのが、装束が簡略化するにつれて表着として用いられるようになったものです。

鎌倉時代に入り、公家階級は衰退し、質実剛健の気風を持つ武士の台頭にともなって、よそおいは活動的なものへと変化していきます。女性たちの髪は邪魔にならないように少しずつ短くなり、衣服も実用的なものが求められるようになったのです。庶民の日常着であった動きやすい小袖は、上流階級の女性たちにも表着として着られるよう

になります。上流階級の着る表着としての小袖は洗練されていき、庶民の小袖も生活の向上とともに上質なものに。やがて、表着として定着した小袖は、武家の女性の礼装として儀式や婚礼の場でも着られる衣装となります。

室町時代には、小袖の染め模様もしだいにあでやかなものへと変化しました。武家社会の女性たちのおしゃれ心を刺激するファッションとして小袖にさまざまな柄がデザインされています。

平安貴族の間では下着であり、庶民にとっては日常着であった小袖。時代の変わり目に小袖が表着となった変化は、服装界の下克上といえるのでは。そして、小袖を原型として発展した服装が、現在の着物（和服）になっています。

時代・社会の変化によって、女性のファッションも変わっていきます。

「婦女遊楽図屏風」

20 美しき白拍子《しらびょうし》

白拍子とは、平安時代末期から鎌倉時代にかけて大流行した歌い舞う芸能のひとつ。それを演じる女性たちも白拍子と呼ばれていました。

白拍子は男装して美しい舞いを披露する、いわば男装の麗人。娯楽の少ない時代、白拍子は身分の貴賤を問わず人気を博した現代でいうアイドル的存在でした。なかでも芸に秀でた美貌の白拍子は身分の高い人々の屋敷に出入りすることも多く、ときに寵愛《ちょうあい》を受けることもありました。

有名なのが『平家物語』に書かれている平清盛に寵愛された「祇王《ぎおう》」や『吾妻鏡《あづまかがみ》』に出てくる源義経の愛妾「静御前《しずかごぜん》」です。ときの権力者をも虜《とりこ》にした白拍子の美しさ。男装に白粉《おしろい》や紅の美しい化粧という妖しい魅力にひかれてしまったのかもしれません。

また、白拍子は旅芸人でもありました。都で人気の白拍子は、地方におもむいて芸を披露しています。現代とは違い、自動車や電車もなく交通が不便

であった時代。地方の人々に都で流行の歌舞を見せ、楽しませるとともに、よそおいや美意識も伝えていたのではと考えられます。

白拍子は、この時代の美のトレンドリーダーだったのかもしれません。

「妓王」

清盛の前で舞を披露する白拍子の仏御前。

21　日本最古の豪華コスメボックス

日本で最も古いとされる手箱に収められた化粧道具セットがあります。国宝にも指定されている「梅蒔絵手箱《うめまきえてばこ》」と呼ばれる鎌倉時代の逸品です。

角に丸みを持たせている手箱の幅は三十五センチメートル、高さは二十センチメートルほど。入念に漆が塗り重ねられ、蒔絵《まきえ》の技法を駆使して水面に浮かぶ雁《かり》や空に列をなして飛ぶ雁、咲き乱れる梅の花などが描かれています。

美しい手箱のなかには、鏡のほか、手箱と同じ意匠がほどこされた白粉《おしろい》箱、薫物《たきもの》箱、歯黒箱などの小箱類、化粧筆、鋏《はさみ》、毛抜き、櫛《くし》類といった三十数点の化粧道具が収められています。化粧道具がそろった手箱は、まさに現代でいうところのコスメボックスです。

この「梅蒔絵手箱」は静岡県にある三嶋大社に伝わるもので、鎌倉幕府をひらいた源《みなもとの》頼朝《よりとも》の正室であった北条政子が奉納したものといわれています。

北条政子といえば、頼朝亡き後も幕府の危機をたびたび救った尼将軍として歴史に残る女性。強くたくましい女性として伝えられていますが、美しい手箱からは、白粉や紅、眉化粧といった化粧にこころを配る女心が伝わってくるようです。

梅蒔絵手箱

数々の化粧道具が収められた鎌倉時代のコスメボックス。アイテムをいくつも駆使した化粧法があったのでしょう。

22 庶民にも広がりはじめた化粧

鎌倉、室町、安土・桃山の動乱の時代でも、紅や白粉《おしろい》の化粧は綿々と受けつがれていました。上流階級の女性が成人の証としてする「お歯黒」や眉毛を抜いて眉墨で描く「眉化粧」も行われていたことが歴史書に記されています。

またこの頃、一般庶民の生活にも化粧が見られるようになっていたようです。

室町時代の風俗や働く庶民の姿を描いた「七十一番職人歌合《しちじゅういちばんしょくにんうたあわせ》」という絵巻物があります。餅《もち》売り、豆腐売りなどのもの売りの姿や、酒つくり、機織《はたお》りなどさまざまな職人の姿が描かれていて、一般庶民が生活する当時の町の活気が伝わってきます。

この絵巻に、紅を筆のようなもので溶いている女性を描いた「へにとき（紅粉解）」や白い粉の入った筒を前に置いて白粉を売る女性を描いた「白い物うり（白粉売）」、香りの原料を量る姿を描いた「たき物うり（薫物売）」などがあります。化粧品をつくったり、売ったりしている場面と生き生きと働く女性たちの姿からは、庶民にとっても化粧品は身近なものになっていたことがわかります。

庶民が日常的に化粧をはじめるようになったのは江戸時代といわれています。化粧は、時代を経るごと、そして暮らしがだんだんよくなるにつれて、一般庶民たちにも広がっていったようです。

紅を溶いている
職人がこちら

「職人尽歌合（七十一番職人歌合）」（模本）〈部分〉

上流階級だけでなく、庶民も化粧品を見たり触れたりする機会があったようです。

23　戦乱の時代　武士の化粧

勇ましいイメージの武士ですが、化粧をしていた記録がいくつか残っています。江戸時代に書かれた『嬉遊笑覧《きゆうしょうらん》』という本には、かつて東国の武士たちはお歯黒をしていなかったけれど、室町時代になると中流以上の武士たちはお歯黒で歯を黒くしていたとあります。鎌倉幕府を築いた武士たちは質実剛健の気風を重んじていましたが、足利政権が幕府を京都・室町においてからは、一部の武士は都の公家のまねをして化粧をしていたようです。

戦国時代の武士にも、化粧にまつわる逸話が残されています。たとえば、「公家の文化に精通していた今川義元《いまがわよしもと》は自らも公家風の化粧をして出陣していた」、「豊臣秀吉《とよとみひでよし》もお歯黒をして小田原征伐にのぞんだ」などです。なぜ武士が化粧？　戦国乱世の一部の武将は、戦場で敵に首を取られたとき、その姿が見苦しくないように化粧をしていたという説があります。また、天下統一を成しとげた秀吉は、奈良県の吉野で盛大な花見を開催。そのときの秀吉は、つくりひげをつけ、お歯黒と眉化粧をして人々の前にあらわれていたとか。栄華をきわめた宴で、秀吉は化粧でも権威を示そうとしたのでしょう。

〈拡大〉

力を見せつける化粧？

「豊公吉野花見図屏風」

地侍の家に生まれた秀吉は関白まで出世。大きな宴では、化粧も行っていました。

コラム1

日本美人の象徴—伝説の麗人「小野小町」

誰もが知る日本の美人の代名詞といえば平安時代の女流歌人「小野小町」。

百人一首にある「花の色はうつりにけりないたづらに　わが身世にふる　ながめせしまに」という和歌がよく知られています。

情熱的な恋の歌を多数残していますが、生没年も生誕地も不明。宮中につかえた高い教養と才能を備えた当時のキャリア女性だったといわれています。

数々の伝説も残っています。有名な「深草少将《ふかくさのしょうしょう》の百夜通い」は、深草少将という男が小野小町に恋文を

「百人一首画帖」　　小野小町

送ったところ、困った小町は彼をあきらめさせようと「私のもとに百度通えばあなたのものになりましょう」と文をかえします。少将はその言葉にしたがい毎夜足を運び続けましたが、百夜目に倒れ息が絶えてしまったというせつない話。こうした伝説がつくられるほどに、当時から、小野小町は人々の胸を騒がせる存在だったようです。

その才色兼備の威光は長くおとろえず、江戸時代には「小町物《こまちもの》」と呼ばれる能や歌舞伎が演じられ、喜多川歌麿や菊川英山など人気絵師による「風流七小町《ふうりゅうななこまち》」などの浮世絵も出版されています。さらには、小町の名を冠した化粧品が多数発売されるほど。

美女といえば小町。千年後の現代にも脈々と語りつがれている永遠の女性、でもその姿は永遠の謎です。

一説には秋田生まれといわれる小野小町。秋田新幹線には「こまち」、秋田ブランド米には「あきたこまち」と現代でも名前が使われている。

引札
「御けしょう小町紅」

白粉包
「小町香」

才・色・兼・備
千年経っても
美女のシンボル！

江戸時代や明治時代の化粧品のパッケージにも小町の名前がつけられている。

コラム2

戦国美人—はかなくも美しい「お市の方」

戦国時代を代表する美女といえば、戦乱の世に咲いた名花「お市の方」が有名です。

織田信長の妹、お市の方は、聡明な女性であり戦国一の美人だったと伝えられています。

お市の方は、浅井長政《あざいながまさ》と政略結婚させられるも夫婦仲はむつまじく、「茶々《ちゃちゃ》」「お初《はつ》」「お江《ごう》」という三姉妹をもうけています。しかし、浅井家は織田信長と敵対関係になり、夫の長政は信長に敗れ自害する悲運に。一旦、織田家に戻り柴田勝家のもとに嫁ぎますが、柴田勝家も豊臣秀吉との政争に敗れてしまい、お市の方は夫とともに自害するという運命をたどっています。

高野山の持明院に、お市の方の肖像画が伝えられています。そこからは、優美な姿だけではなく、戦国の世の趨勢《すうせい》に翻弄《ほんろう》されながらも自らの意思を持って生き抜いた、人としての強さが感じ取れます。彼女の娘たちのひとり、豊臣秀吉《とよとみひでよし》の側室となった茶々（のちの淀《よど》の方）もまた、母の面影と意志を受けついだ、うるわしくも気丈な美女だったと伝えられています。

凜とした眼差し……
戦国時代の
セレブ美人代表です

「お市の方像」

お市の方の娘たちもすごいセレブ！　長女「茶々」は、豊臣秀吉の側室「淀君」、次女「初」は、京極高次《きょうごくたかつぐ》の正室「常高院《じょうこういん》」、三女「江」は、徳川秀忠《とくがわひでただ》の継室「崇源院《すうげんいん》」となり、母と並んでさまざま語られている。

第2章 江戸時代のよそおい

1　女性の髪型の歴史

日本で独自の進化をとげたいわゆる日本髪。そのルーツをたどると、平安時代の国風文化にさかのぼります。優雅な宮廷生活を送る貴族の女性たちは、自分の身長ほどもある長い髪をまっすぐ垂らした髪型「垂髪《すいはつ》」にしていました。上流階級の女性にとって長い黒髪は女性美の象徴だったのです。

鎌倉時代になると、貴族支配の世から武士の世へと変化し、質実さや実用性を求める武家の生活では、よそおいも活動的なものへと変わったのでしょう。こうした時代の風潮にあって、下級武士や一般庶民の女性たちの髪型も日常の生活の邪魔にならないようにと長さが少しずつ

「豊太閤観桜之図」

垂髪

長く垂らした髪からアップスタイルへ。
ここから日本髪が生まれていきます。

短くなり、束ねはじめます。長い髪を一本に結んだ「下げ髪」が見られるようになり、さらに一本に結んだ髪の先を輪に結んだ「玉結び《たまむすび》」が生まれて、髪を〝結う〟というスタイルが一般庶民に広がっていきました。

安土・桃山時代には、髪をアップスタイルに結いはじめます。「下げ髪」や「玉結び」からさらに、髪を頭頂に結い上げた「唐輪髷《からわまげ》」の登場です。束ねて結んだ髪を「髷《まげ》」といいますが、「唐輪髷」は、最初二つから四つの髷を輪にして頭の高い位置に結い上げる髪型でした。名前の由来は、当時、交易のあった中国の女性の髷を真似たところからだといわれています。結った髪を折り曲げて高い位置にまとめた髷が、技巧的に発展して日本髪と呼ばれる髪型がつくられていきます。

「婦女遊楽図屏風」
唐輪髷

「湯女図」
玉結び

2　知っておきたい日本髪の基本

見事に形づくられ複雑に見える日本髪ですが、その構造を分解してみると大きく分けて四つのパートで成り立っています。一つ目は髪を頭上に束ねて結った部分の「髷《まげ》」、二つ目は顔の両サイドの部分の「鬢《びん》」。三つ目は「前髪」、四つ目は襟足に近い部分の「髱《たぼ》」です。江戸時代には、この四つのパートをアレンジして、さまざまな髪型が創作されていました。たとえば、顔の両サイドの鬢を大きく張り出させたり、襟足近くの髱を鳥の尾羽のように長く出したりというヘアアレンジです。

こうした日本髪の髪型の最も基本となる部分は「髷」です。ですから、日本髪の髪型の名称

日本髪をつくる四つのパート

春信風島田

には「○○髷」というように「髷」という字がついています。次に解説する基本となった四つの髪型も「髷」の結い方の違いから、「兵庫《ひょうご》髷《まげ》」「島田髷《しまだまげ》」「勝山髷《かつやままげ》」「笄髷《こうがいまげ》」と名づけられています。江戸時代につくられた数百ともいわれる日本髪のバリエーションも主にこの四つの「髷」をアレンジしたものです。

そして、このとても技巧的な日本髪の結髪を支えていたのが、髪をキュッとしばることができる、紙でできた「元結《もとゆい》」、そして「鬢付《びんつ》け油《あぶら》」でした。今でいうところのヘアゴムやスタイリング剤の役割をしていたものです。

さらに、複雑な髪型を支え、地毛を補う「髢《かもじ》」、髱の形をつくり出す「髱挿《たぼさ》し」、鬢を張り出す「鬢張《びんは》り」など、実にさまざまな小道具が使われていました。

ヘアスタイリング剤（髪油や水性の整髪料）を入れていました。

油壷

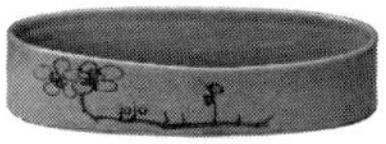

鬢水入れ

日本髪を結う道具

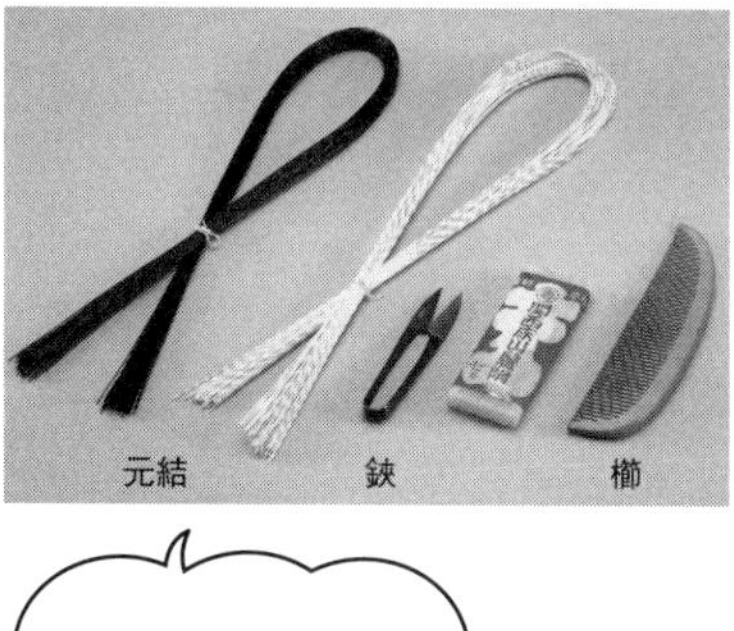

元結は江戸時代の
ヘアゴム的存在

3　基本となった四つの髪型①　兵庫髷《ひょうごまげ》

基本の髪型の一つ目は、「兵庫髷」。

Ｐ64の「女性の髪型の歴史」で紹介した「唐輪髷《からわまげ》」から発展した髪型です。その最も大きな特徴は、頭頂部に束ねた髪で輪をつくり、その根元に髪を巻きつけた髷。いたってシンプルな髪型です。前髪や鬢《びん》、髱《たぼ》も張り出したり、突き出たりせずに、すっきりとしています。

「兵庫髷」という名前の由来には、①摂津国《せっつのくに》兵庫の遊女が結っていた髪型から、②大橋柳町の妓楼兵庫屋から、③太刀の兵庫鎖に似ているから、④片手の兵庫桶に似ているから、などと諸説あるようです。兵庫髷を結いはじめたのは、遊郭や酒席で客の相手をし、歌や踊りのサービスをする遊女たちでしたが、後に一般の女性たちも結うようになります。シンプルな髪型ゆえに、誰もが取り入れやすかったのかもしれません。

これも兵庫髷なの？　という発展型の髪型、「横兵庫《よこひょうご》」を紹介します。

「横兵庫」は江戸時代後期、遊女特有の髪型として有名になりました。兵庫髷の頭上の髷が横に二つの輪となり、蝶の羽のように輪を広げてはなやかにしたものです。遊女の髪型なので豪華な櫛や簪《かんざし》もつけられ、当初のシンプルな兵庫髷からは想像もつかない髪型にバージョンアップしています。

兵庫髷

「時代かがみ　寛延の頃」

下図のはなやかな髪型も、もとは上図の髷から生まれたもの。兵庫髷はシンプルだからこそ、いろいろなアレンジが生まれたのかもしれません。

豪華さのきわみ

江戸吉原で結われた横兵庫

まえ

うしろ

4　基本となった四つの髪型②　島田髷《しまだまげ》

日本髪の代表格といえば「島田髷」。

現代でも花嫁の髪型として結われている「文金高島田」として残っているとお伝えすると、「あの髪型ね！」と思いあたる人もいるのでは？　この島田髷、若衆歌舞伎《わかしゅかぶき》の美少年たちが結っていた「若衆髷《わかしゅまげ》」が元となって生まれています。

「島田髷」の特徴は、頭頂部の髷を折り曲げて元結や丈長《たけなが》で締めているところ。髷の途中をキュッと締めていたら、その髪型はおそらく島田髷でしょう。

名前の由来は、「若衆髷」を東海道島田宿の遊女が取り入れたという説が有力です。この髪型も遊女から一般の女性たちへと流行していき、未婚女性の代表的髪型になりました。

江戸時代を通じて島田髷はさまざまなバリエーションが生まれています。江戸時代中期、安永八（一七七九）年に出版された『当世かもじ雛形《ひながた》』というヘアスタイル集には、「投島田《なげしまだ》」「腰折島田《こしおれしまだ》」「こまん島田」「きりすみ島田」などなど、数多くの島田髷が登場しています。「島田髷」は、江戸の女性たちに長く愛されたからこそ、バリエーション豊かな髪型になったのですね。

島田髷

若衆髷は当時人気の若衆歌舞伎の少年たちが結った髪型。女子が真似したくなったり、アレンジしたくなる気持ちもわかります。

髷を折り曲げて結んでいるのが特徴。

元禄島田髷

若衆髷

『当世かもじ雛形』

見て悩むのも楽しい
ヘアスタイル集

島田髷の
バリエーション

5　基本となった四つの髪型③　勝山髷《かつやままげ》

「勝山髷」は、髪を一本に結ぶ「下げ髪」から派生して生まれた髪型です。特徴は、一本に結んだ髪をぐるっと前方に曲げて輪をつくり、その毛先を髷のなかに折り返して、根の部分に白元結《しろもとゆい》をかけたところ。

勝山髷の名前の由来は、江戸吉原の遊女・勝山が結ったのがはじまりという説、また寛永年間のはじめ、大坂から江戸に下った勝山湊《かつやまみなと》という女形が結った髪型というものや、勝山仙列《せんれつ》、勝山仙州《せんしゅう》という役者の名から生まれた、などがありますが、遊女勝山からというのが最も有力です。

勝山が、キリッと結った髷に白元結をかけた髪型という姿で道中したところ、そのおもむきが人々の注目の的となったそうです。勝山の髪型は「勝山髷」と呼ばれ大流行。主に既婚の女性たちに結われていきます。

勝山がどんな女性だったのかというと？　井原西鶴《いはらさいかく》の有名な『好色一代男』（一六八二年）にも「勝山といへるおんなすぐれて情もふかく……」と登場していて、人気作家が描くほど魅力的な遊女だったようです。

勝山髷

「時代かがみ　享保の頃」

横から見ると勝山髷の
特徴の輪がよくわかります。

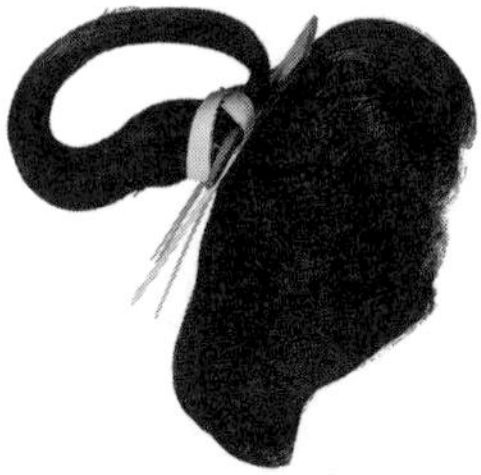

「古今名婦鏡　遊女勝山」

旅姿もさまになる！
遊女勝山

6　基本となった四つの髪型④　笄髷《こうがいまげ》

四つ目は笄髷。

笄《こうがい》というのは聞き慣れない言葉かもしれません。笄は、毛筋を立てたり、髪の乱れを防いだり、かゆいときにちょっと頭を掻く「髪掻き」として使っていたものが、後に横に長い棒状の髪飾りに転化したものです。この笄に髪をクルクルと巻き付けた髪型を「笄髷」といいます。

室町時代に宮中の女性たちが、いろいろな作業のときに邪魔になるからと、長い下げ髪を笄に巻き付けたのがはじまりです。笄髷は、はじめは単純に笄に髪を巻き付けただけでしたが、江戸時代中期には笄を挿した髪型でも笄髷と呼ばないものもありました。実用から装飾用へと変化していったのです。

いくつか紹介すると上方で結われた「先笄《さっこう》」は既婚女性がよく結ったもので、島田髷と笄髷の要素を合わせた髪型です。また「両輪《りょうわ》」は、勝山髷と合わさった髪型で年配の女性たちによく結われていました。さらに御殿女中の「片はづし」という髪型があります。正式な場で垂髪にしなければならない場合など、必要に応じて笄を抜けばサッと垂髪に戻れるようにと工夫された「片はづし」は、江戸城御殿に勤める女性のなかでも限られた上級女中に結われた、大奥を代表する髪型として知られています。

大奥の定番スタイル！

笄髷

「時代かがみ　嘉永の頃」
片はづし

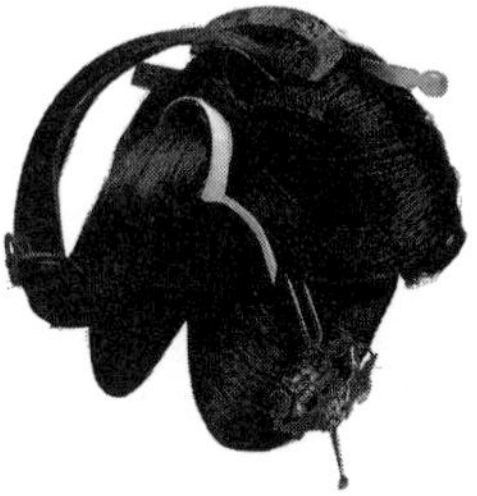

片はづし

桜模様蒔絵べっ甲笄

この一本の棒状の髪飾りが笄。ヘアアレンジに使いやすかったのか、笄を使った髪型は上流階級から庶民までさまざま結われました。

笄を使った髪型いろいろ

先笄
富裕な既婚女性向け

両輪髷
中流の年配女性向け

7　心躍るヘアアクセサリー①　櫛《くし》

江戸時代には、美しく結われた日本髪にはなやかさを演出する、櫛や簪《かんざし》、笄《こうがい》といった髪飾りが発展しています。

まずは櫛。歴史を振りかえると古く、縄文時代の遺跡から出土しています。福井県鳥浜《とりはま》貝塚や、佐賀県東名《ひがしみょう》遺跡のものが有名です。縄文時代の櫛は、縦長で、歯が長く本数が少ない竪櫛《たてぐし》です。竪櫛は、髪を梳《す》くというよりも、束ねた髪を留める役割をしていたと考えられています。櫛の素材は、木や骨、角などが使われていましたが、木製の櫛には赤漆や黒漆が塗られたものがあります。

櫛という言葉は、不思議という意味の「奇し」や「串」と語源が同じだといいます。神前にささげる玉串が神の依代《よりしろ》とされるように、日本では古来、先のとがった細い棒には霊力が宿ると考えられていて、古代の櫛は髪に挿すことで霊力を授かったり、魔除けとしたりする意味が込められていたともいわれています。

江戸時代になると、堅いツゲの木でつくられた実用品のほかに、装飾用の櫛が髪型とともに発展しています。べっ甲や象牙をはじめ金属、ガラスなどを素材に使用し、蒔絵や透かし彫りなどの装飾技巧をほどこした精巧な美術品ともいえる美しい櫛も数多くつくられました。

縄文時代の櫛ってどんなもの？

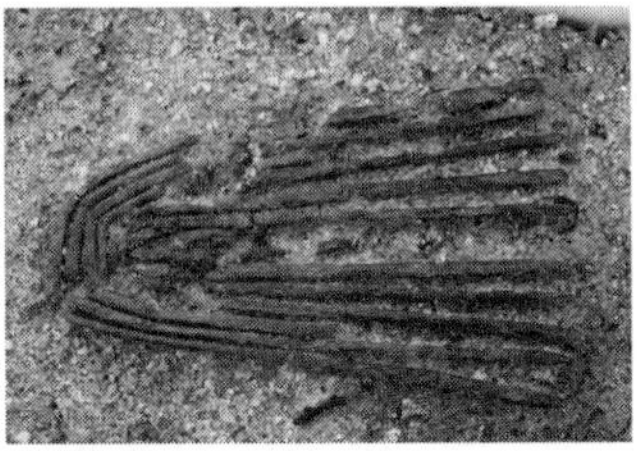
東名遺跡出土木製櫛

約7000年前のものとされる木製櫛。当時の人はこの櫛をどう使っていたのか気になります。

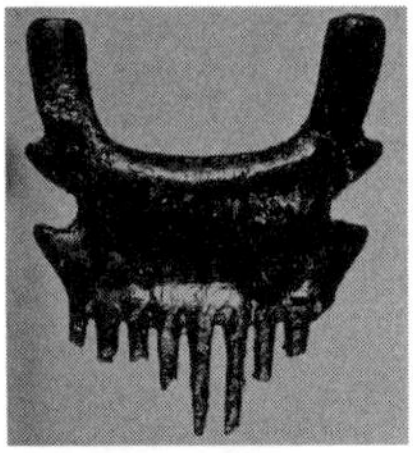
鳥浜貝塚出土漆塗櫛

約6000年前の竪櫛。艶が見えるのは赤色の漆です。

江戸～明治　いろいろなワザあり櫛

ほおずき羊歯《しだ》模様《もよう》珊瑚《さんご》象嵌《ぞうがん》象牙櫛《ぞうげぐし》

葵模様蒔絵木櫛

菊模様透かし彫りべっ甲櫛

もっとはなやかに！
女心が美しい装飾を
生みます

8　心躍るヘアアクセサリー②　簪《かんざし》

簪も歴史は古く、縄文時代の遺跡から出土しています。一本の針状のもの、先が二股に分かれているものがあり、頭部には複雑な文様や、人や動物の形を彫り出したものなどもあります。古代の日本では、とがった細い棒には霊力が宿るとされていて、櫛《くし》と同じように簪も細い棒を髪に挿すことに魔除けの意味を込めていたと考えられています。髪に挿す「髪挿し」が簪の語源と伝えられています。

はじめは魔除けとしての簪ですが、こちらも江戸時代には装飾品として発達しています。簪が流行しはじめたのは江戸時代中期とされ、形も細いものから幅広いものなどさまざまな種類が登場。素材も木・象牙・金・銀が使われ、蒔絵《まきえ》や螺鈿《らでん》、象嵌《ぞうがん》、透かし彫りなどの細工の簪がつくられています。多くの種類のなかには先端が耳かきの形をしたものがあります。なかには、「これって耳かきに使うの?」というほど耳かき部分が大きい簪も。耳かきの形がつけられたのは、たびたび幕府から出される奢侈禁止令《しゃしきんしれい》（ぜいたくを禁止して倹約を推奨・強制するための法令および命令）を逃れるためだった、ともいわれています。

平打ち簪や玉簪、つまみ簪、さらには歩くたびに飾りが揺れて音がするびらびら簪など実に多様な意匠の簪がつくられ、江戸時代の職人が、技術の粋をつくしたものも多く残っています。

縄文時代の簪ってどんなもの？

ヘアピンみたいに
使った？

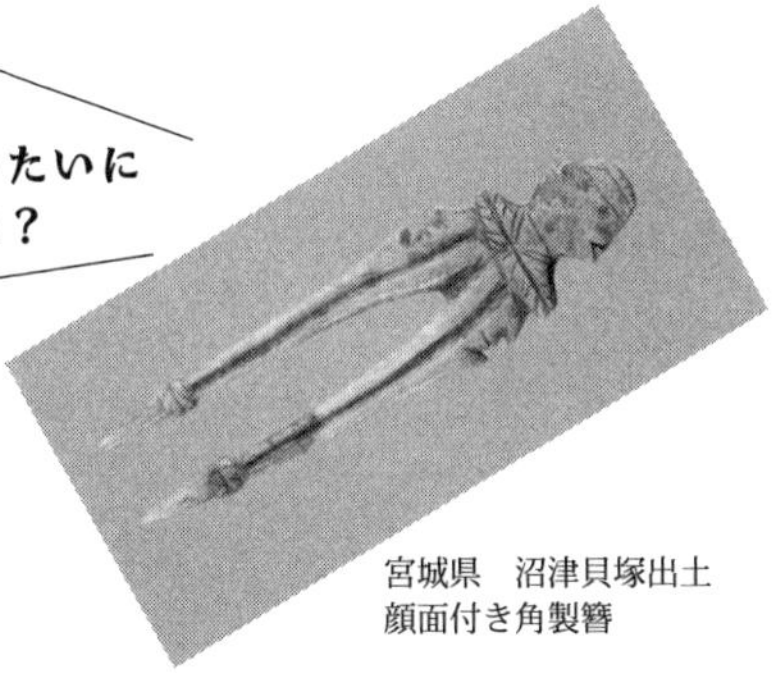

宮城県　沼津貝塚出土
顔面付き角製簪

江戸〜明治　いろいろなデザインの簪

びらびら簪は
歩くたびに揺
れ、音が鳴っ
たんだとか。

鳥籠付びらびら簪

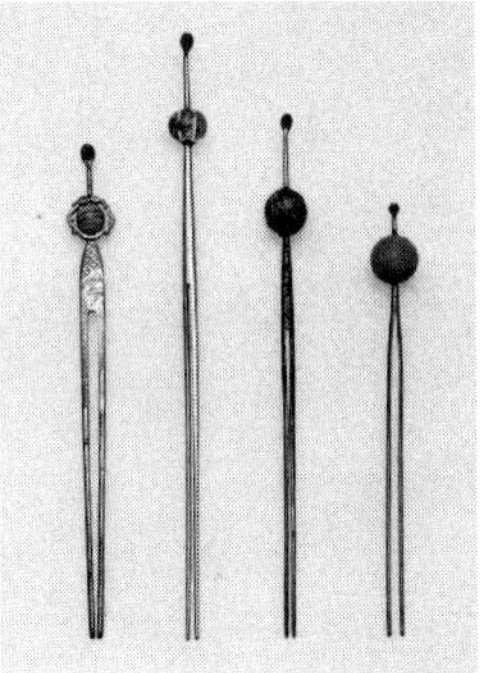

玉簪

さんごやガラス、玉など
を使った簪は、小さいな
がらも豪華です。

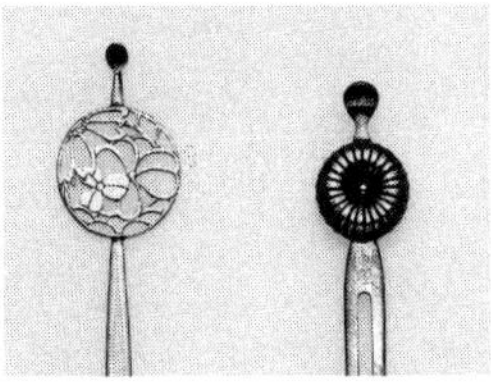

左・平打簪
右・菊花簪

先端が耳かきの形をして
います。

9 心躍るヘアアクセサリー③ 笄《こうがい》

Ｐ74「基本となった四つの髪型④ 笄髷《まげ》」に出てきた棒状の髪飾り「笄」は、櫛《くし》や簪《かんざし》に並ぶ、日本髪に欠かせないアクセサリー。櫛、簪、笄と三点セットでつくられているものも多くあります。

笄は「髪掻き」が転じた言葉で、毛筋を立てたり、頭のかゆいところを掻くのに男女ともに使われていました。それが、桃山時代以降になると、女性には下げ髪を巻き付けて髪を結うときに使用されるようになり、しだいに髷の根元を固定する用途のものになります。さらに江戸時代後期には、固定する用途は薄れて装飾用となっています。

素材は金、銀、べっ甲、瑪瑙《めのう》などさまざま。なかには鶴の脛骨《けいこつ》でつくったものもあり、貴重品だったようです。さらに、享保（一七一六〜三六年）頃からガラス製が登場。ガラスのなかに五色の綿を入れたものや、捻《ひね》りガラスなど、当時の最新の技術を駆使したものがつくられています。

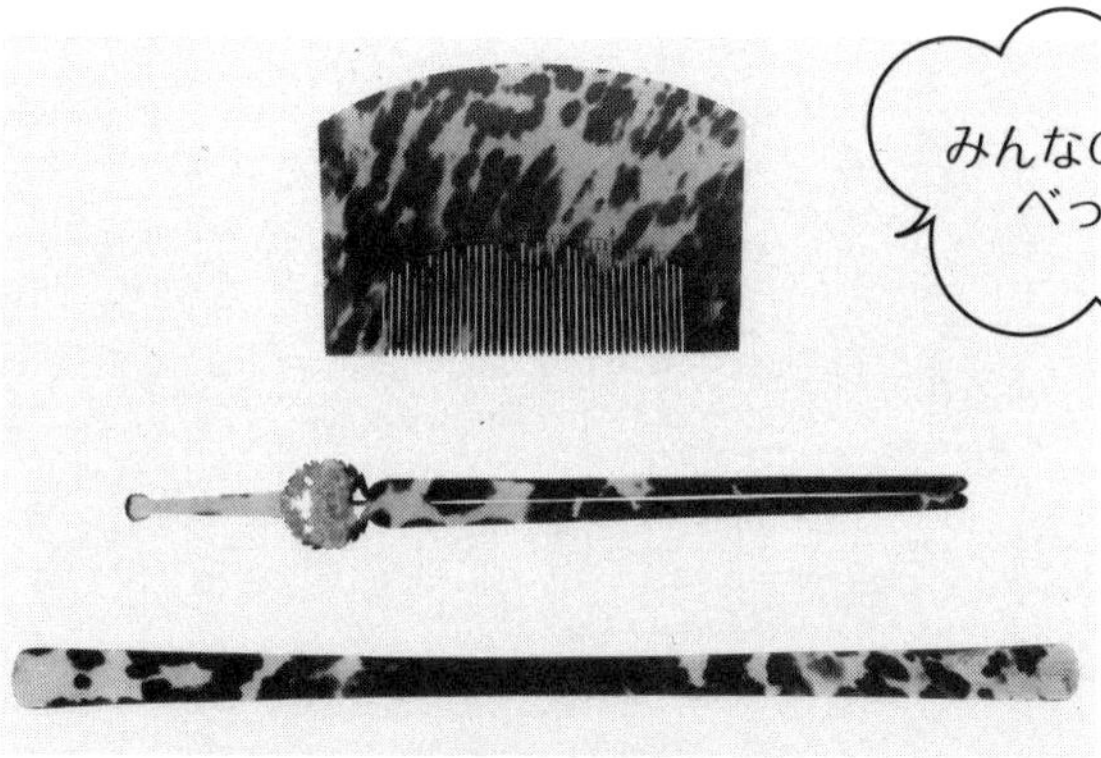

みんなのあこがれ
べっ甲製！

べっ甲製の櫛・簪・笄

べっ甲製の髪飾りは超高級。庶民には手のとどかないものでした。

江戸～明治　いろいろな素材の笄

ガラス製は
夏にぴったり！

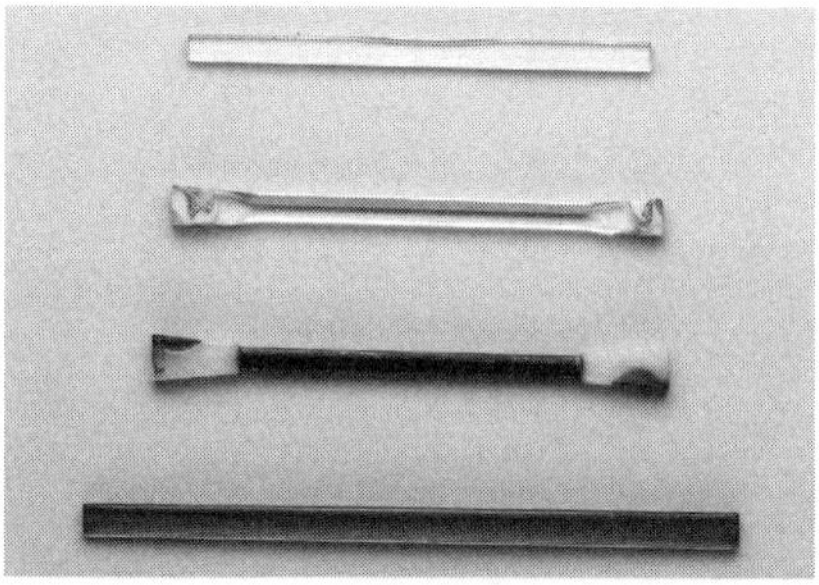

ガラス製の笄

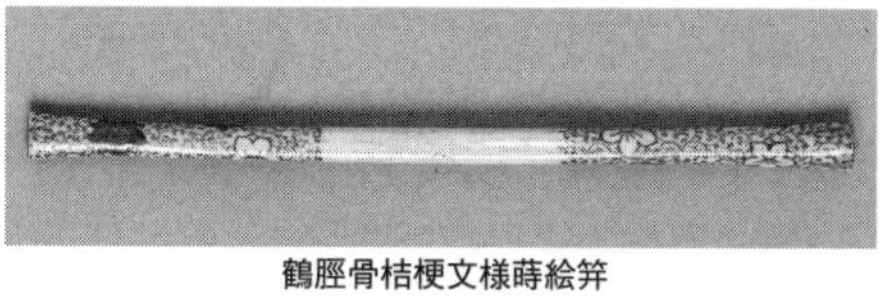

鶴脛骨桔梗文様蒔絵笄

蒔絵の美しさが際立っています。

10　洗髪事情

江戸時代、女性が髪を洗うのは一般的には月に一〜二回という程度で、日常的に髪を洗う現代とは、だいぶようすが違っていました。

というのも、日本髪は元結でしっかりと髪を固定して複雑に結い、鬢《びん》付け油でがっちりとセットした髪型。自分一人では結えない髪型も多く、洗うのも大変だったので、一度結ったらしばらくは手直し程度で過ごすのが一般的でした。髪を洗うのには髪洗粉というものがありましたが、ふのり（海藻）とうどん粉もよく使っていました。それらを熱いお湯に溶かし混ぜたもので、髪油や髪の匂いを洗い落としたのです。手づくりシャンプーですね。

洗髪の仕方は、浮世絵にもあるように、盥《たらい》に水をはり、上半身裸で、長い黒髪を櫛で梳きながら洗います。長い髪をほぐし、盥の水を何度も替えての洗髪は、市販のシャンプーやトリートメント、シャワーにドライヤーもある現代とは違い、一日仕事だったのです。

さらに、どんなに大変でも洗わなければならない悩みもありました。季節によっては、髪につく「虱《しらみ》」です。江戸時代の美容書『都風俗化粧伝《みやこふうぞくけわいでん》』には、虱を取り去る方法として、「銅や水銀でできた専用薬に加え、大風子油《だいふうしゆ》、辰砂《しんしゃ》を酢にといた汁、うず（トリカブト）をつけた汁がよい」と書かれています。

こうした悩みも気になる匂いもさっぱり洗い流す洗髪。大変でも、気持ち良さはひとしおだっただろうと思われます。

浮世絵に描かれた洗髪のようす

シャンプーも楽じゃない?!

「江戸名所百人美女　今川はし」

もろ肌脱ぎになって、盥の前には洗髪用の櫛や糠《ぬか》袋、手ぬぐいなどが置かれています。

シャンプー完成！

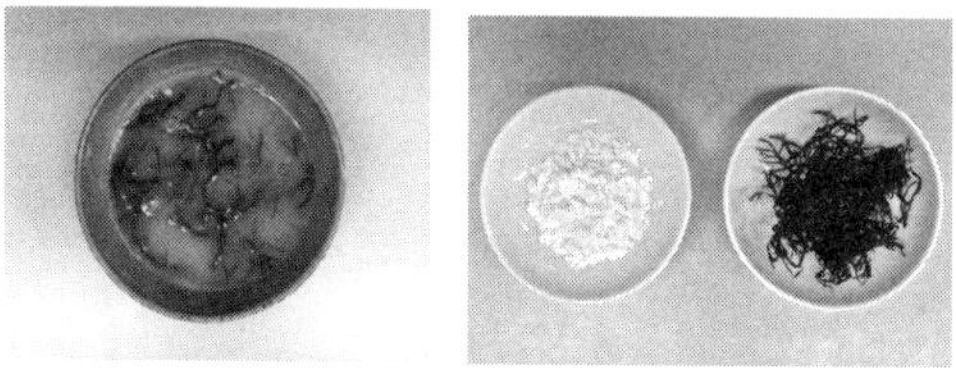

ふのりとうどん粉を混ぜた状態。（再現）

うどん粉　ふのり

11　江戸時代のヘアスタイリスト「女髪結《おんなかみゆい》」の登場

江戸時代、女性が髪を美しく結い整えていることは、身だしなみの基本とされていて、自分で髪を結えることが一人前の証とされていました。しかし江戸前期、元禄文化が花開いた頃から、髪型はどんどん華美に複雑になり、人の手を借りないと結えないようになっていきます。

そこで重宝されたのが「髪結《かみゆい》」です。髪を結うことを職業とする人を「かみい」ともいい、お店の髪結床を「かみいどこ」「かみどこ」と呼んでいました。当初、髪結は男性にのみ許された職業でした。

そうしたなかで、女髪結が登場したのは江戸時代の中期といわれています。店を持たず、顧客を訪問していました。女髪結に髪を結わせるのは、遊女や上流階級などの特定の女性がすることで、一般の女性がお金をかけて髪結を頼むのはぜいたくだという非難もあったようです。ぜいたくを嫌う幕府は、女髪結をたびたび禁止しています。

それにもかかわらず、人気の髪型を結いたい、美しく結いたいという女心は今も昔も変わらないもの。女髪結の需要はとまらず、江戸時代末期には江戸市中に千四百人余りを数えたとされています。

浮世絵「葉《は》うた虎之巻《とらのまき》」に描かれた女髪結は、お歯黒に眉を剃った既婚女性です。身につけている着物は、格子《こうし》や縞《しま》などの質素なもので、着物の袂《たもと》が邪魔にならないよう襷《たすき》がけ。仕事道具の櫛を髪に挿し、髪を結ぶ元結《もとゆい》を帯に結んだ立姿はいかにも職人の姿です。

カリスマ美容師?!

後ろの女髪結はお歯黒をした口元に櫛をくわえています。

〈拡大〉

「葉うた虎之巻」

髪結の道具箱を提げ、前垂れ姿で家を回っている姿。

『御請合戯作安売』

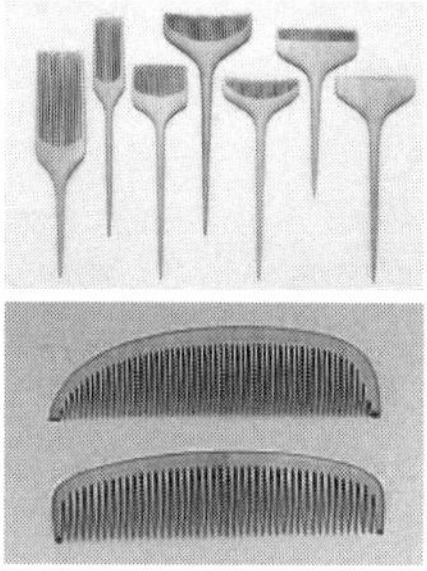

結髪用の黄楊櫛

12　江戸時代のファッション　～小袖《こそで》から振袖に～

江戸時代、人々が着る衣服は現在の着物の原型といわれる小袖でした。

小袖は文字通り袖口が小さい服。元々は平安時代の上流階級の人々が下着として着ていたものです。下着だったので模様や柄はなく、色も白でした。それが、室町時代の中頃以降になると、色や柄のある表着として着られるようになっていきます。

日常着となった小袖の形態は、帯とともに時代を追って変化。江戸時代初期の頃は、身幅が広く丈はくるぶしのあたりまで、帯は紐状で細めであったのが、中期から後期にかけて身幅はだんだんと狭く、丈は少し引きずるぐらいに長くなり、帯幅も細めから太めになります。丈が長くなったので、外出時は引きずらないように、腰のあたりで引き上げて結ぶ工夫をして着ていました。

また、前期から中期にかけて、未婚女性が着る小袖は、袖の袂《たもと》が長くなった「振袖」に発展。帯の結びも前にあったのが、帯幅が太く結び目が大きくなった江戸時代の中期頃からは後ろで結ぶようになっています。少しずつファッショナブルに変化しながら、人々の間に定着していった小袖。もちろん既製のものはなく、一着ずつ反物から仕立てます。誂《あつら》えるときは、形や柄を決めるのに「小袖雛形《こそでひながた》」と呼ばれるデザイン本を参考にしていました。江戸初期の寛文時代から後期の文化・文政の頃まで、約百五十年にわたり数多くの雛形本が刊行されています。現代のファッション雑誌のように見られていたのでしょう。

雛形本のデザインを見てあれこれ思案する当時の女性たち。その胸のうちは、新しい服を見て回る私たちと変わらないはずです。

小袖と振袖

身幅や丈、帯の形が時代によって変わります。

「亀戸初卯祭」
江戸時代後期の振袖

「紙本金地著色舞踊図」
江戸時代初期の小袖

思わず見とれる
斬新な柄！

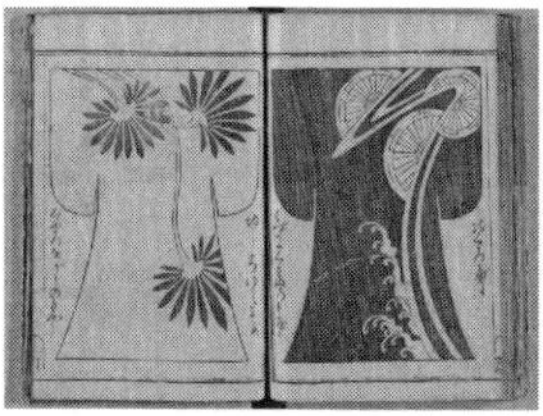

『新撰御ひいながた』
小袖の模様や形を紹介した雛形本

「美人立姿図」
江戸時代前期の小袖
帯の結びが前にある

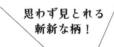

13　庶民のファッション

江戸時代、庶民女性の日常着だったのは小袖《こそで》です。

小袖は江戸時代初期から後期まで袂の形や長さが変化し、染めや織りなどの技術の発展とともに多種多様な柄や文様がデザインされ、時代を通してさまざまな流行が生まれています。

特に色柄は、江戸初期は大柄で派手な柄のものが好まれましたが、中期からは繊細なはなやかさを好むようになり、初期の全体に模様をあしらったものから、裾と肩だけに模様をつけた肩裾模様、裾だけに模様をつける裾模様、表には柄はなく、裏に柄をつける裏模様などが登場。後期にはさらに、縞模様や格子など地味なもの、表立った派手さを好まない色柄へと変化していきます。

こうした庶民のファッションの一端は、浮世絵からも垣間見ることができます。たとえば、江戸の中期に評判となった「明和の三美人」。そのなかの谷中笠森稲荷《やなかかさもりいなり》の鍵屋「お仙《せん》」、浅草寺境内の本柳屋「お藤」の二人は評判高く、茶屋や雑貨店の看板娘、町のアイドルでした。浮世絵師・鈴木春信《はるのぶ》は彼女たちを描いて大ヒットさせています。

浮世絵に描かれた姿は、丈の長い小袖に幅広の帯、前掛け、小袖の柄も縞や無地のファッション。派手ではなくてもシンプルですらりとした立ち姿は、かわいらしさ全開です。庶民の女性たちには、歌舞伎役者や花魁のファッションは遠い存在。こうした町のアイドルたちが、今でいう読者モデルのように身近で真似したいおしゃれの見本だったのかもしれません。

「団子を持つ笠森お仙」

裾が膝まであらわになった姿が色っぽい。

14　武家のファッション

武家と一口にいっても、将軍家から大名、旗本、御家人、大名や旗本の家臣など、格や階級はさまざま。女性たちも、将軍の正室・御台所《みだいどころ》から大奥の女中たち、大名や旗本の奥方や奥向きの女性たち、武家屋敷につかえる女性などがいました。女性の服装には身分や地位、職務によって決まりがあり、また季節によっても規定があったのです。

身分の高い武家女性が、儀式など正式な場で着るのは小袖《こそで》と打掛《うちかけ》です。打掛は、室町時代以降、武家女性の礼服とされ、小袖に帯を締めた上に打ち掛けて着るので打掛という名がついていています。武家と町人の小袖には様式に違いがあって、武家独特の意匠が発達していきます。身分による違いがよくわかるのが裾《すそ》の長さと素材。短い丈の木綿の小袖は地位の低い女性、美しい模様の裾を引きずる絹の小袖を着ているのは高位の女性でした。

武家は、季節により年四回の衣替えが決められていました。春と秋は、白、赤、黒地の紋織の生地（綸子《りんず》）に細かい刺繍がほどこされ裏地のついた「袷《あわせ》の小袖」。夏は、練貫《ねりぬき》という絹織物に細かく縁起のよい文様（吉祥文様《きっしょうもんよう》）を刺繍した「腰巻《こしまき》」と呼ばれた衣装。冬は袷の表地と裏地の間に薄綿を入れた「綿入れの小袖」と決められた仕立て方や着方が礼儀作法書に書かれています。

江戸時代には、「織り」「縫い」「染め」の技法が発達。平織より複雑な綾織《あやおり》や繻子織《しゅすおり》の生地、色糸の刺繍や金銀の摺箔《すりはく》の加飾、絞り染めや友禅染といった染色技法を駆使した衣裳美が競われ、花咲かせています。しかし、こうしたファッションは一般女性の生活からはかけ離れた世界でもありました。

豪華な打掛姿
さすが大名家の姫君
江戸名所
百人美女

「江戸名所百人美女　霞ヶ関」

15　大奥のファッション

大奥は、将軍の正室である御台所《みだいどころ》や側室、幼少の子供たち、女中たちの住居です。将軍家族にはそれぞれにつかえる女中たちがいて、時代によって変化があるものの数百から数千人規模の女性たちが大奥につかえていたといわれています。そのランクには、トップで御台所の話し相手、相談役である上臈御年寄《じょうろうおとしより》から、掃除や水汲みなどの雑用をする御末《おすえ》まであり、細かく職位・職制が分かれていました。

服装でも、職制や身分、階級によってさまざまな決まりがあります。たとえば、御台所の身の回りの世話をする御中臈《おちゅうろう》以上は、打掛の生地は綸子《りんず》、地色は白か黒または赤で、金糸や彩色をほどこし、総刺繡《そうししゅう》などと決められ、さらに、打掛を着るのは九月〜三月など、季節によっても服装が決まっていました。

ところで、江戸時代後期には御台所はなんと一日に五回も着替えたという記録がありま す。起床したときは「朝お召し」、総触れの際には「総触れ召し」、それが終わると「お昼召し」、さらに夕方は「夕お召し」、夜は「お寝召し」に替えます。それだけではなく、朝起きたら口や手を洗う準備は整えられ、朝食をとりながら髪も結い上げるなど身支度は女中たちのする仕事だったのです。現代の私たちからするとなんとも不自由に感じてしまいますが、決まりごとのなかでの生活が大奥の日常だったのです。

大奥の生活は窮屈？

「千代田の大奥　お召し替え」

〈拡大〉

〈拡大〉

御殿女中の生活をいきいきと描いた浮世絵。

「千代田の大奥　お櫛上げ」

中央が将軍の奥様。着替えや髪を整えるのもスケジュールが決まっていました。

16 花魁《おいらん》のファッション

江戸時代は厳格な身分社会。窮屈な日常を忘れて、男性が、ひと時の間楽しめる場所のひとつが遊里でした。

江戸の遊里といえば、江戸幕府公認の吉原遊郭《よしわらゆうかく》。吉原は、はじめ日本橋葺屋町《ふきやちょう》の東側に設置されたのが、明暦の大火の後、浅草千束村へ移転し新吉原と呼ばれています。吉原と外の世界を区切る大門をくぐると妓楼《ぎろう》と呼ばれる店が軒を連ね、艶やかな衣装の太夫《たゆう》と客の遊興が夜ごと繰り返されています。

「太夫」とは遊女の最高位の呼び名。遊女のランクによる呼び名は時代ごとに変化しましたが、太夫などの高級遊女を「花魁」とも呼びました。見習いとして太夫に付く少女・禿《かむろ》が「おいらの」「おいらがとこ」と呼んだのがなまって「おいらの」「おいらん」となったと考えられています。花魁は高級遊女になるべく、

「新吉原江戸町　玉屋内朝妻・花紫・誰袖」

古典文学や書道、茶道、和歌、三味線など、教養と芸事を仕込まれた特別な存在。そうした特別な人の衣装は、当時、最も高価なもので、一般庶民の感覚とはかけ離れた特殊な衣装でした。

　ゴージャスなよそおいを大勢の人々に披露したのが花魁道中。南蛮渡来品といわれた羊毛の羅紗《らしゃ》や天鵞絨《びろうど》など当時は珍しい生地に刺繍をほどこした豪華な打掛や小袖を何枚も重ね着し、帯は前に結びに着付け、黒塗り三枚歯の下駄をはいて、八文字を描くようなゆっくりとした足運びも独特。ヘアスタイルは島田髷や横兵庫など大振りではなやかなものになっていき、髪飾りも高価なべっ甲の櫛《くし》や簪《かんざし》を二十本近く挿すなど、まさに絢爛豪華。大勢の人々の視線を浴びて練り歩く花魁道中は、究極のファッションショーでした。

豪華な簪の数は旦那の数？！

豪華な打掛に前結びの帯。それに何本も挿したべっ甲の櫛、簪がひときわ目立ちます。現代人からみると重たそうと感じてしまうよそおいです。

17　婚礼衣装

婚礼衣装といえば、小袖《こそで》、打掛の装束、箱迫《はこせこ》（箱形の紙入れ）など正装の際の小物、履物、被り物まで、すべて白という白無垢姿が格式の高い婚礼衣装として知られています。日本では古くから白は神聖、清浄な色とされていました。そこに後世になって、白はいずれの色にも染まっていない、婚家の色に染まります、との意味が込められ、婚礼衣装の色になったといわれています。

婚礼衣装に白を着るようになったのがいつからかはっきりとはわかりませんが、室町時代に書かれた婚礼に関する礼法書『嫁入記』には、「御わたに白むくなり、その上に幸びしの白小袖、御帯までも白きなり、ねりの白き御小袖を御はをり候てよし」との記述があり、武家の婚礼衣装は白無垢であったと推しはかれます。

時代は進み、江戸時代にも白無垢は受け継がれ、白か紅の綿入れと白の小袖、白の打掛が着られていいます。江戸時代後期には豪商や富裕な町人の間では、色打掛が着られるようになりました。白い小袖の上に、金糸や銀糸で吉祥文様を織り上げた打掛を裾を引いて羽織る姿は、白無垢にある格調よりも豪華さがきわだっています。

町人文化の栄えた江戸後期には、婚礼衣装は町人たちにとっても特別なよそおいだったのです。

「婦人諸礼鑑之内　婚礼」

白紋綸子地松竹梅鶴亀模様打掛
江戸時代後期の花嫁衣装

松竹梅の吉祥模様が描かれています。はなやかな打掛は江戸女子のあこがれだったことでしょう。

〈拡大〉

コラム3

お雛様のファッション＆ヘアスタイル

三月三日の雛祭りは、お雛様を飾りお供えをして祝う女の子の節句。はなやかな雛人形を見ているだけで乙女の気分が上がります。

雛祭りの起源は古く、中国から伝わった「上巳の行事」と平安貴族の「ひいな遊び」が結びついたもの。貴族の子女が御所を模した屋形に人形をならべ飾りつけて遊ぶことで健康と厄除けを願った「上巳の節句」がはじまりといわれています。

まず目にはなやかなのは、女雛が着ている「十二単」。実は、この呼び方は平安時代にはじまった公家女性の正装「女房装束《にょうぼうしょうぞく》」の俗称です。着物を十二枚着る決まりだったわけではなく、単の上に何枚も袿《うちぎ》を重ねて着た姿をさして呼ばれるようになったといわれています。袖口や裾に見えるいく重もの衣の色、その配色で季節観やセンスを表した奥ゆかしい風情のファッションです。

そして、女雛の美しいヘアスタイル。この髪型「大垂髪《おすべらかし》」といって、平安時代に公家など上流階級の女性たちが結った「垂髪《すいはつ》」という長くまっすぐ垂らした髪型に、江戸庶民に流行した「燈籠鬢《とうろうびん》」という大きく横に張った髪型を取り入れたもの。ファッションは、上流スタイルにあこがれた庶民がまねをして広がるのが通常のパターン。高貴な女性の髪型に庶民の流行スタイルが取り入れられたのは、かなりのレアケースなのです。江戸時代は町人もおしゃれを楽しめるようになって、結われた女性の髪型は数百種にのぼるといわれます。上流階級に影響を与えるほど、当時の庶民文化には勢いがあったことを女雛の髪型が語っています。

お雛様ファッションは
平安貴族のトップ・モード
がお手本でした！

雛飾り

上段は、お内裏様。平安貴族のお姫様のような女雛のヘア＆ファッションに注目。
下段には、おつかえする女官である三人官女、楽器をかなでる五人囃子が飾られる。

第3章 江戸時代の化粧

1　上流階級の豪華な化粧道具

日本の婚礼には、婿入り婚と嫁入り婚という二つの形式があったのを知っていますか？平安時代の貴族階級は、婿が嫁の家に入る婿入り婚でした。嫁入り婚は、武家社会が確立した頃から行われるようになり、江戸時代には嫁入り婚が定着。格式を重んじる武家にとって婚礼は一大儀式でした。

娘を嫁に出す家にとって嫁入りの際に持っていく婚礼道具は、格式を誇示するものでもあり、そのために意匠を凝らした道具が数多く豪華にそろえられ、そのなかには化粧道具一式も含まれていました。写真の婚礼化粧道具は、江戸時代後期のもの。漆塗りで金蒔絵《きんまきえ》がほどこされた豪華なつくりであることから、上流階級の婚礼化粧道具だと見られます。

折りたたみ式の鏡掛《かがみかけ》や鏡箱《かがみばこ》、鏡台、香炉《こうろ》を焚く伏籠《ふせご》、手や顔を洗った角盥《つのだらい》、桶盥《おけだらい》や湯桶、また刷毛《はけ》や筆類、剃刀《かみそり》や化粧料を入れる小箱類など、さまざまな道具が備わっています。ただし、これらの道具は実際に使用するものではなく、格式を示すための形式的なものであったと考えられています。

江戸中期になると経済力を持った町民が文化の担い手にもなっていき、富裕な町民層では、婚礼も武家にならった儀式を行うようになり、豪華な衣装にぜいたくな婚礼道具もそろえられています。

橘唐草紋散蒔絵婚礼化粧道具《たちばなからくさもんちらしまきえこんれいけしょうどうぐ》

角盥とはぞう

角盥（左）は手や顔を洗うために使うもの。はぞう（右）は湯水を入れて使いました。

毛垂と毛垂箱

眉を剃ることを毛を垂れるといい、毛垂とは剃刀のこと。

円鏡、円鏡箱、鏡台

引き出しのついた箱の上が鏡台で、円鏡が置かれています。
右側は円鏡箱。

2　理想の肌は白い肌　～色の白きは七難隠す～

江戸時代後期に書かれた美容書『都風俗化粧伝《みやこふうぞくけわいでん》』の「顔面の部」冒頭には、こんな文が書かれています。

「人生まれながらにして三十二相そろいたる美人というは至って少なきもの也。化粧の仕様、顔のつくりようにて、よく美人となさしむべし。そのなかにも色の白きを第一とす。色のしろきは七難かくすと、諺《ことわざ》にいえり。」

つまり、美人の第一条件は「肌の白さ」といっているのです。この諺の七難とは、具体的に何か七つではなく、多くの難点のたとえ。江戸時代の女性の理想は、「白玉のように肌理《きめ》の細かい肌」や「白く透きとおった肌」。こうした白い肌を求める強い気持ちにこたえて『都風俗化粧伝』には肌を白くするさまざまな美容法が書かれています。

いくつかあげてみると、「色の白くする薬の伝」では、鉛白粉、顔料、白檀《びゃくだん》、水銀白粉、蛤の殻を粉にして卵の白身でとき、顔にすりこんで糠《ぬか》で洗うといった〝美白洗顔〟。さらに「色を白うし光沢を出だす薬の伝」では、顔料を粉にして水を入れ、湯煎したものを毎夜顔に塗り、翌朝洗い去る、これを半月すると色玉のごとしといった〝美白パック〟などが書かれています。
江戸時代の女性も白粉化粧をした顔が美しい白い肌に見えるためには、土台となる素肌づくりが重要だと考えていたようです。

「浮世五色合　白」

合わせ鏡を手に持ち、襟足の白粉をじっくり見ています。上部には白にまつわる言葉が並び、色白で薄化粧がいかに美人の条件であったかがわかります。

3　洗顔　～洗顔料も化粧法も普及～

美しい素肌は洗顔から！　洗顔はいつの時代でもスキンケアの基本です。日本で洗顔がいつ頃からはじまったのか、はっきりとしたことは記録に残っていませんが、江戸時代には洗顔は広く習慣になっていました。江戸時代、洗顔料として一般的に使われていたのが糠《ぬか》。糠には油分やビタミンなどの栄養素が含まれていて肌をしっとりと洗い上げてくれます。洗い方は、「糠袋」や「紅葉袋」と呼ばれる紅絹《もみ》や晒木綿《さらしもめん》でつくった小さな袋に糠を入れて用意します。これをお湯につけてもむと糠の汁が出るので、袋で顔や首筋をこすって磨き洗いをするという具合です。糠は、銭湯でも販売されていて、入浴のたびに新しい糠に替えていました。

糠袋には「洗い粉」と呼ばれる洗顔料を入れることもあり、これは、小豆《あずき》などの豆の粉をベースに数種類の生薬や香料をまぜたものです。豆の粉にはサポニンという発泡性の物質が含まれていて、肌の汚れをよく落とす効果があります。

江戸時代の美容書『都風俗化粧伝《みやこふうぞくけわいでん》』には、洗顔の仕方についてこんな記述も。「熱き湯にて顔を洗えば、顔に早く皺《しわ》を生ず」とか、「ぬか袋をつかうに、顔につよくあてて洗うべからず。顔のきめを損ず。静かにまわしてつかえば糠汁よく出でて、きめをこまかにし、顔につやを出だす」とあります。これは現代の洗顔法でも同じ、スキンケアの基本は洗顔だと知っての細やかな指摘です。

洗顔は美肌の基本！

「江戸名所百人美女　御殿山」

糠袋を手に持ち、襟首を洗っています。

定番の洗顔料

米糠と糠袋（再現）

4　化粧水　〜自家製オーガニックコスメ〜

化粧をするのが一般に広がっていった江戸時代。洗顔だけではなく、肌を整える化粧水も広く使われるようになっています。この時代、家庭でオーガニックな化粧水を手づくりすることも多く、糸瓜《へちま》や胡瓜《きゅうり》の蔓《つる》を切って、根の方の切り口を瓶に挿すとたまる「へちま水」や「きゅうり水」がよく使われていました。

ほかにはノイバラなどの花からつくるものもありました。美容書『都風俗化粧伝《みやこふうぞくけわいでん》』に「花の露のとりよう」としてノイバラの化粧水のつくり方が記載されています。

「【花の露のとりよう】……いばらのはな、この花をつみとり、らん引にかくる。かくのごとき器也」と図入りの説明。「蘭引《らんびき》」とは、古くから酒や香料、薬種などを蒸留するために使われていた蒸留器のことで、語源はポルトガル語の alambique（アランビック）、日本には江戸時代のはじめに伝わったと考えられています。

花の露を抽出するときの仕組みは、三段になった器の一番下に水、二段目にノイバラの花びら、一番上の段に水を入れて火にかけると、蒸された花の成分を含んだ蒸気が上段で冷やされ、エッセンスが落ちてくるというもの。蘭引がない場合の、身近にあるやかんと茶碗で代用する方法も紹介されています。効能については、「この香薬水は、化粧してのち、はけにて少しばかり顔へぬれば、光沢をいだし、香をよくし、きめを細かにし、顔の腫物をいやす」と書かれ、女性にはうれしい万能化粧水だったようです。

江戸時代中期以降になると、商業も発達し、化粧品を売る店もでき、さらに浮世絵や滑稽本《こっけいぼん》（小説）などを使った化粧品の宣伝が盛んに行われました。そのなかでは、戯作者・式亭三馬の店で販売された大ヒット化粧水「江戸の水」が有名でした。

身近なものでも　つくれます

『都風俗化粧伝』　花の露のとりよう

一番下に水、二段目に花びら、一番上に水を入れて火にかけて自家製化粧水をつくりました。

松竹梅模様蘭引

国立科学博物館附属自然教育園提供
ノイバラ（ばら科の落葉低木）

5 お歯黒 〜庶民の化粧に〜

歯を黒く染める化粧、「お歯黒」。白い歯が美しいと考える現代の私たちから見ると、お歯黒はとても不思議な化粧です。

お歯黒がいつ頃から、何のために行われるようになったのかは、わかっていません。しかし、中国の歴史書『魏志《ぎし》』倭人伝《わじんでん》の「黒歯国東海中に有り」の記載や、『古事記』のなかに「歯並みは　椎菱如す《しいひしな》」というお歯黒に通じる記載があることから、日本の化粧史のなかでは最も古くから行われていた化粧だと考えられています。

お歯黒は、平安時代に成人になる通過儀礼となり、そして、江戸時代には黒は他の色に染まらないことから〝貞女二夫《ていじょにふ》にまみえず〟の貞女のしるしとされて、結婚の前後に歯を染めるという慣習が定着しました。

お歯黒は鉄漿《かね》とも書き、酢のなかに酒や米のとぎ汁、折れた釘などを溶かしてつくった「お歯黒水（鉄漿水《かねみず》）」と、ヌルデの木の虫瘤《むしこぶ》を乾燥し粉にした「五倍子粉《ふしのこ》」を歯につけます。すると、お歯黒水の酢酸第一鉄と五倍子粉のタンニン酸が結合して歯が黒く染まります。お歯黒には、ただ黒くするだけでなく、歯を強くし、虫歯や歯周病予防になるという二次的効果もあったそうです。

化粧や虫歯予防のためとはいえ、お歯黒水は、現代の私たちからするととても口のなかには入れられないというほど臭いもの。江戸時代の女性たちは朝、家の人がおきてくる前に匂いをがまんしてお歯黒をすませていたのだとか。

お歯黒をしている女性

「新柳二十四時　午後一時」

〈拡大〉

浮世絵の女性たちの口元をよく見ると、お歯黒をしていることがわかります。

ちらりとのぞく
黒い歯

「江戸名所百人美女　駿河町」

〈拡大〉

6 お歯黒 〜お歯黒道具〜

江戸時代、日々の習慣となっていたお歯黒化粧ですが、いったいどんな道具を使っていたのでしょうか。

写真は、庶民の女性が使っていたお歯黒道具です。耳のような取っ手のついた大きな「耳盥《みみだらい》」、上に置かれた金属製の平たい板は「渡し金」といいます。板の上には、「鉄漿坏《かねつき》」と「鉄漿沸《かねわ》かし」「歯黒筆」が置かれ、下にあるのが、「お歯黒水（鉄漿水《かねみず》）」をつくるための「お歯黒壺」。そして「うがい茶碗」。四角い小箱は五倍子粉《ふしのこ》を入れる「五倍子箱《ふしばこ》」。

これらをどのようにして使ったのかというと、お歯黒水を温め、五倍子粉と混ぜ合わせます。そうして黒くなったお歯黒水を歯黒筆で歯に塗りつける、これを何度も繰り返して歯を黒く染めていったのです。お歯黒水は匂いが強く、五倍子粉は成分のタンニンでとても渋かったので、歯につけた後に口をすすぐうがい茶碗を使っています。

女性の通過儀礼となっていたお歯黒ですが、はじめてお歯黒をつけるときは、親類縁者の女性に鉄漿親《かねおや》になってもらい、お歯黒のつけはじめをする慣習や初鉄漿《はつかね》といって七カ所からお歯黒水をもらってくる慣習がありました。

江戸時代には、女性にとって欠かせない化粧となっていたお歯黒ですが、明治時代になると外国人から奇異な慣習と見られたことで政府によって禁止され、現在では目にすることがなくなりました。

『神事行灯』

ヌルデの虫こぶ

五倍子《ふし》

お歯黒道具一式

古釘・鉄くず・五倍子粉

お歯黒水を再現しました。
米のとぎ汁と酢、鉄くずを入れた容器。しばらくすると発酵がはじまります。

7　眉化粧　～眉のない新化粧～

日本独自の眉を剃り落とす化粧は、平安時代にはじまっており、平安時代の随筆『枕草子』にも、眉を抜いていたことがわかる表現が書いてあります。

平安時代に貴族がはじめた本来の眉を剃り落とし、額《ひたい》の上部に別の眉を描く独特の眉化粧は、鎌倉、室町、安土桃山時代の武家にも広がりました。そして江戸時代になると、武家の儀礼が整っていきます。水嶋流の礼法書『化粧眉作口傳《けしょうまゆつくりくでん》』に、元服のしるしとして、本来の眉を剃り落とし、つくり眉にすることなどが詳細に書かれています。つまり、公家や上流武家階級の女性たちの眉化粧は、似合うとか美人に見せたいといったおしゃれのためではなく、身分階級の礼儀作法としてのものでした。

一方、一般庶民の女性にも武家の礼法にならい、通過儀礼としての眉剃りは広がり根づいていきます。結婚が決まるとお歯黒をし、子供ができると眉を剃り落とし、そのまま眉を描かないのが庶民独特の化粧習慣になっています。娘時代には、自由に自分に似合う眉を描いていました。

当時の文献にある眉の化粧法の一例を見てみましょう。

水嶋流の礼法書『化粧眉作口傳』

▽若い武家女性の眉

「いと眉」糸のように細い眉で、元服する前の女性の眉。三日月眉ともいう。

▽年齢を重ねた武家女性の眉

「から眉（枯眉）」老女の眉のことで、眉を薄くやや小さめに描く。

位置も形も決まりごと

『化粧眉作口傳』

〈拡大〉

眉の描き方、位置などが細かく指示されています。

美容書『都風俗化粧伝《みやこふうぞくけわいでん》』

○「眉毛と目のあいだのせまきを、ひろく寛と見する伝」……眉の修正化粧

眉毛と目の間のせまきは、いたって卑しく見にくきものなり。これを常のごとくに見せるには、眉毛の下の方を少しばかり剃り上げ、眉毛のつくりようは眉毛の少し上の方よりつくりはじめ、まゆ毛の中にて墨をはきかけ置くべし。

○「殿上眉のこと」……公家や宮方の妻、神職の妻の眉のつくり方

常のごとく化粧した上へ、額の髪際《はえぎわ》におしろいを濃く、筆にて塗る。これを際《きわ》という。はじめ白粉を太くつけてのち、へらにて細く、上を残して下を取り去る。次にその下の左右へ、墨をつける。これをこねずみという。これもへらにて下を薄くする。

○「眉毛をつくる伝」

眉毛のつくりかたいろいろあれども、顔の恰好《かっこう》によってつくりかたかわれり。短き顔、丸き顔には、ほそく三日月のごとくにし、長き顔、少し大顔のかたには、少しふとくつくるべし。

『都風俗化粧伝』

図解で眉と目の位置関係を指示しています。江戸時代も眉をどうつくるかは、顔の印象を左右するポイントでした。

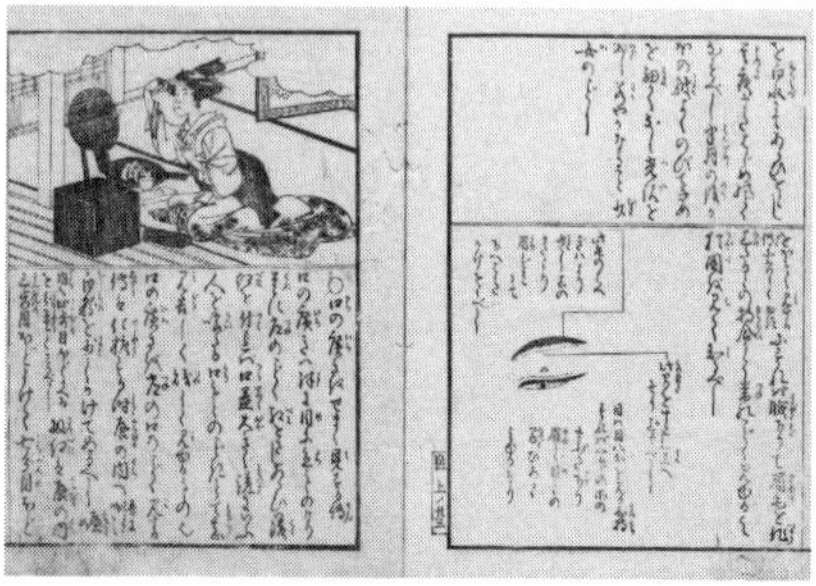

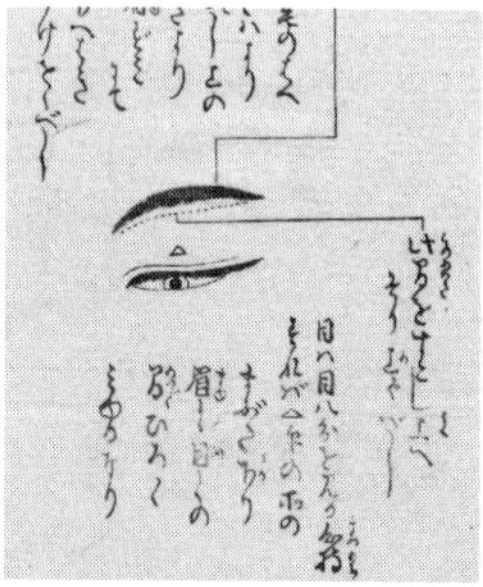

眉毛と目の間を広くみせる方法

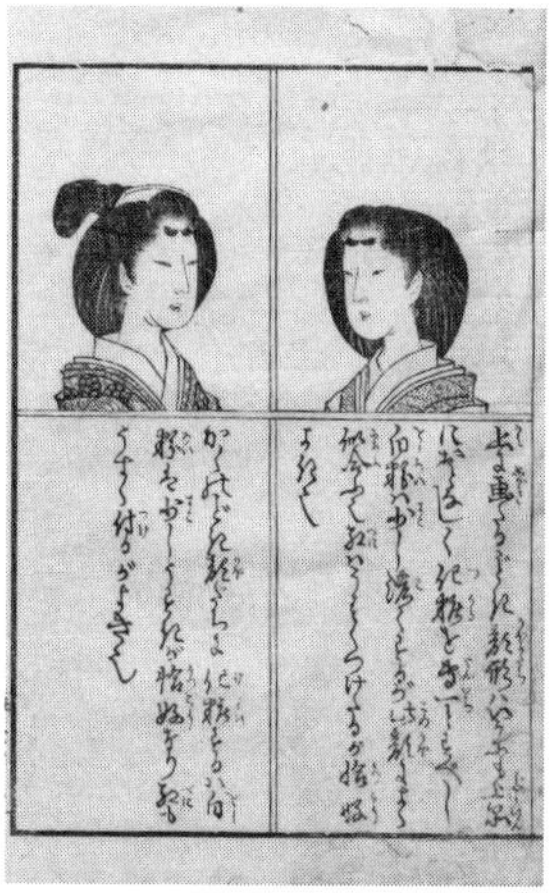

殿上眉のこと

アイブローは
いつでも真剣

「名筆浮世絵鑑」

眉を描く女性。

8　眉化粧　～眉化粧道具～

江戸時代は、眉化粧の道具も一式整っています。水嶋《みずしま》流の『化粧眉作口傳《けしょうまゆつくりくでん》』には、化粧法だけではなく、「眉箒《まゆはき》道具の事」として道具の種類や材質・寸法、使い方、眉墨、こね墨のつくり方まで、詳しく書かれています。

眉化粧にはへらと刷毛を使います。へら類は、きわ墨を置く「横おし」、白きわを置く「袖なり」、眉のしんを書く「しんさし」の三種があり、象牙製などです。刷毛類は「すみはつし」「小上臈《こじょうろう》」「大上臈《おおじょうろう》」などの種類がありました。上流階級の女性たちは、さまざまなへら類や、毛足や太さの異なるタイプの刷毛を使い分けて眉化粧を仕上げていたのです。

『婚礼道具諸器形寸法書《こんれいどうぐしょきかたすんぽうがき》』という婚礼調度類を体系化した書籍には、眉作箱《まゆつくりばこ》や毛垂箱《けたればこ》、毛垂《けたれ》、白粉《おしろい》を塗ったり眉を払う刷毛類、こね墨入れやへら類などが記載されています。毛垂とは眉を剃る剃刀《かみそり》のことで、上流階級の人々は剃《そ》るという言葉を忌み嫌い、「垂れる」といっていました。

一方、庶民の女性はどのような道具を使っていたのでしょうか。子供が生まれると眉を剃り落として眉を描かない習慣だったので、眉化粧をしていたのは娘時代でした。使っていた道具は、筆や眉墨、剃刀、剃刀箱など、必要最低限のものでした。

違鷹羽根紋散蒔絵眉づくり道具

眉刷毛

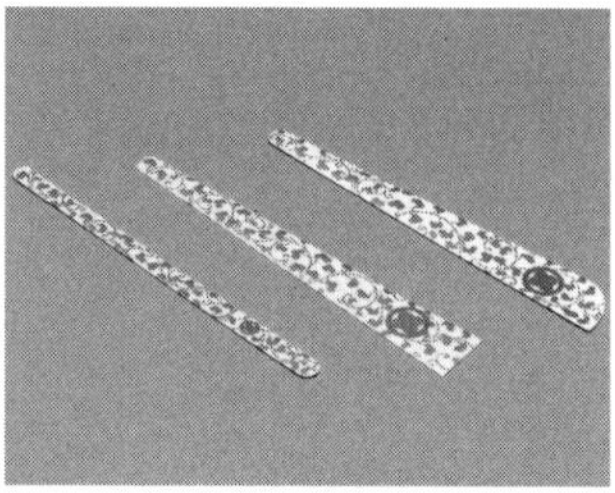

しんさし、横おし、袖なり

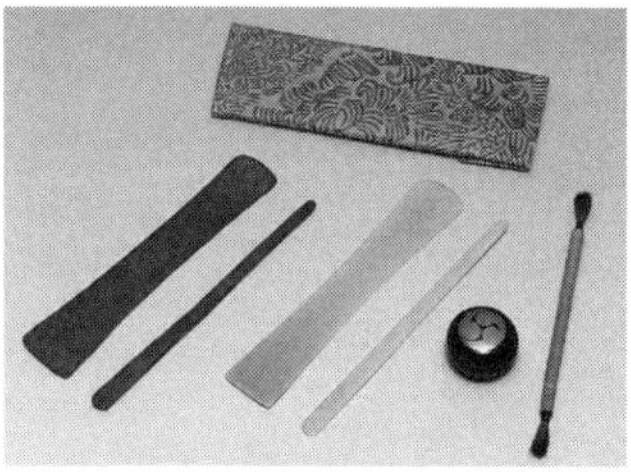

眉づくり道具

簡略化された明治
以降の眉作り道具

「江戸名所百人美女　芝神明前」
剃刀で顔を剃る女性。

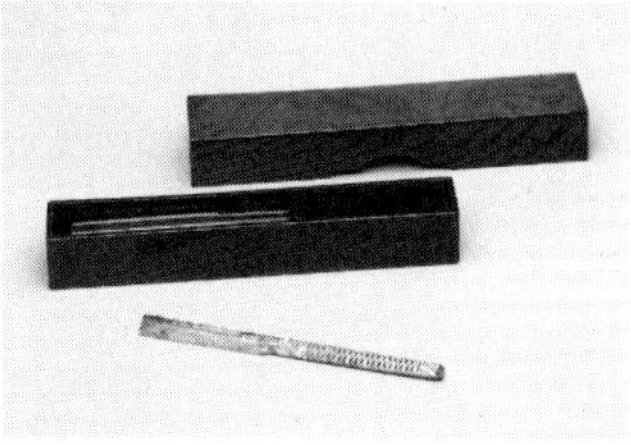

庶民用の剃刀箱と剃刀

9　紅化粧　～紅は高級化粧品～

赤・白・黒の三色の化粧のなかで、はなやかさの演出を担ったのが赤の紅化粧です。一般庶民もあたりまえのように化粧をするようになった江戸時代。紅は口紅に、また目元や頬、爪にも使われています。たとえば江戸時代初期の女性の教養書『女用訓蒙図彙《じょようくんもうずい》』には、口紅や頬紅、爪紅の記載があります。

「ほおさきに紅をつくるは桜の花ぶさにたとへたり。花のしろき底に、ほのほのと赤色のあるにもあらず、なきにもあらぬやうにすべきなり」

「唇は丹花の唇にとて花にたとえたり。是もいたく赤きは賤し、」

など頬紅や口紅は薄くつけるのがよいと書かれています。このように、口紅は薄くつけるのがよいという一方で、濃く塗る紅が流行したときもありました。

江戸時代後期の文化文政頃、下唇を玉虫色に光るように塗る「笹色紅」と呼ばれる化粧が流行。紅は重ねて塗っていくと緑色に輝くことからこう呼ばれました。ただし当時、紅は「紅一匁《もんめ》、金一匁」といわれるほどとても高価なもの。紅を重ねてたくさん塗る「笹色紅」は、ぜいたくなおしゃれのできた遊女から流行したとされる見栄の化粧だったのです。

江戸時代の口紅がどのようなものだったのかというと、現代のようにスティックタイプの登場はまだまだ先のこと。お皿やお猪口《ちょこ》に紅を塗りつけた「紅皿」や「紅猪口」の形態で販売されていました。紅皿や紅猪口から、濡らした紅筆や指で紅を取り、少しずつ唇に塗りかさねたのです。紅皿や紅猪口は退色を防ぐため、使わないときは鏡台などに伏せておきました。

ひとぬりではなやか顔に

紅猪口から紅を筆で取り、唇に塗っています。

「模擬六佳撰」

紅猪口と紅筆

江戸時代の紅猪口。側面には美しい模様が描かれています。

「美艶仙女香」

緑色の唇はゴージャス

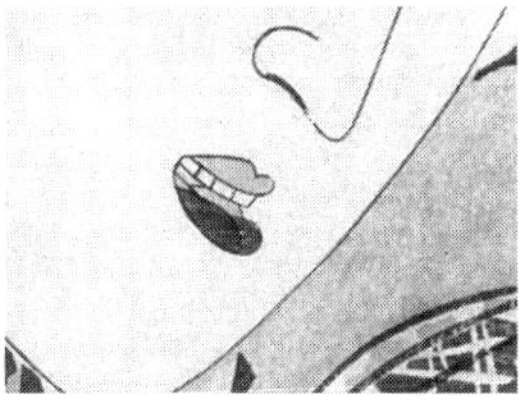

〈拡大〉　笹色紅

10　紅化粧　～紅化粧道具～

紅筆や指を使って化粧をする紅化粧が一般に普及すると、紅の容器もさまざまなタイプが登場しました。

室内で化粧をするときに使っていたのが、「紅皿」や「紅猪口」という容器です。化粧シーンを描いた浮世絵の鏡台の上や、化粧する女性たちの傍《かたわ》らによく登場しています。そのほかにも「紅板」と呼ばれる容器があり、これは現代でいうところのリップパレットのようなもの。室内で使うだけではなく、外出時に携帯して使われていました。形態は、二つ折の板状のものや薄い箱型のものがあります。二つ折のものは、漆《うるし》を塗るなどした厚紙や木製、金属製など。また、薄い箱型のものは、金属、木、象牙などでつくられ、透かし彫りや蒔絵《まきえ》、珊瑚象嵌《さんごぞうがん》をほどこした豪華なものもありました。

紅板は五センチメートル程度の小さなサイズですが、形も柄もいろいろ。小判型や六角形、扇形のものがあり、花鳥風月や物語が美しく描かれた繊細なデザインが豊富なのも楽しめます。

持つだけで気分も上々
リップパレット

いろいろな紅板

紅猪口

金属製梅鶯文様紅板

象牙製住吉大社蒔絵紅板

紅板に紅猪口、紅筆など、紅化粧道具は、見ているだけでもはなやかな気持ちに。紅化粧を楽しむ当時の女性たちの心が伝わってきます。

11　紅化粧　～紅の生産と販売～

紅の原料である紅花は、キク科の二年草で、原産地は中近東・エジプトといわれています。中東や中央アジア、インドを経て中国へ、そして日本へ入ってきました。古代から染料や化粧料として使われ、江戸時代には盛んに栽培されています。

ところで、黄色い紅花から真っ赤な紅がどのようにしてつくられるのか知っていますか？手順はまず、紅花を摘んでよく水洗いをします。次にそれを桶《おけ》に入れて足で踏み、黄色い色素をもみ出して、赤い色素が残った紅花を取り出します。続いて、箱に広げて水分を補給しながら発酵。発酵して真っ赤になった花びらを臼《うす》で搗《つ》き、手で丸めて干し、自然乾燥させて紅餅《べにもち》にします。こうしてつくられた紅餅は、産地から京都や江戸に運ばれ、紅花問屋から薬種屋や紅染屋、紅屋に卸され、そこで紅餅から紅を抽出して、染料にしたり、化粧品の「紅猪口《べにちょこ》」や「紅板《べにいた》」にされたのです。

紅で評判の店だったのは、日本橋の「柳屋」や京都から江戸に進出した日本橋の「玉屋」など。また、「寒紅《かんべに》」といって、一年で最も寒い時期、小寒から立春の頃の寒中につくられたものが一番品質が良く、寒中丑《うし》の日に販売される紅は「丑紅《うしべに》」と呼ばれるスペシャル品でした。「寒中丑紅」の旗を立て、小さな牛のおまけをつけて紅を売る店先には女性たちの長い行列ができたと伝えられています。

『容顔美艶考』

紅屋の店先のようすが描かれています。手に持ったお猪口にさっと刷毛で紅を塗りつけています。

紅花

紅餅

紅猪口

紅花から抽出される赤い色素はごくわずか。
紅はとても高価で貴重なものでした。

12　白粉《おしろい》化粧　～こだわった化粧法～

白粉化粧は、江戸時代のベースメーク。「色の白きは七難かくす」ということで、白粉化粧は欠かせないものでした。基本的な化粧法は、化粧下地に化粧水や鬢付《びんつ》け油をつけたうえに、水で溶いた白粉を指や刷毛《はけ》でのばしています。刷毛は塗る部位によって形の違うものを使い分けます。また、現代のベースメークのように顔だけに塗るというのではなく、もろ肌脱ぎになってデコルテまで塗っていました。

美容書『都風俗化粧伝《みやこふうぞくけわいでん》』の「白粉をする伝」に化粧法が詳しく書かれています。たとえば、「溶いた白粉を額に少しつけて、これを指先でしずかにまわしてむらなくのばし、また白粉を手にとって、両眉の上のかたより眉の間につけ、またしずかにむらなくのばし、それよりだんだん顔につけてはのばしのばし、両の頬、鼻の上より鼻の両わき、口の上下左右、耳の後ろ、耳、首筋、咽と、一所ずつ白粉をつけ、指先にてそろそろと廻してよくのばすべし」と正しい塗り方を伝授。

続いて「一回に全ての箇所に白粉をはじめにつけてしまうと、白粉が乾いて固まりのびにくく、艶もなく白粉が落ち着かない。眉刷毛に水をつけて、丁寧になんども刷けば、白粉がよくのび、艶も出す。乾いたら紙を顔にあて、水をつけた刷毛でなんども刷くといっそう落ち着く。また、粉白粉をつけた後、湿った手ぬぐいで目の上、まぶたをそっと押さえると、濃淡が出て顔がお面のようにならない」ときれいに仕上げるテクニックを細かく伝えています。

こんなに懇切丁寧な説明！　白粉化粧がいかに女性にとって大切だったかが伝わってきます。

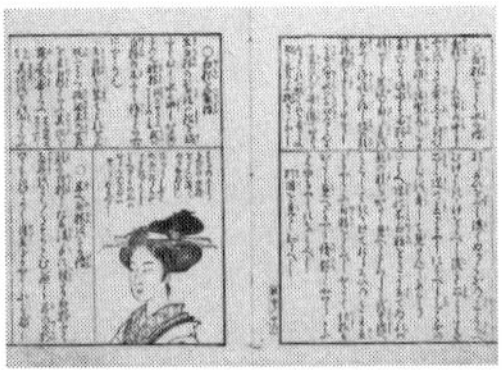

『都風俗化粧伝』

ベースメークは
手抜きなし！

〈拡大〉

『都風俗化粧伝』には白粉化粧の方法が数ページにわたり指南され、挿絵でも詳しく解説しています。

13　白粉《おしろい》化粧　～薄化粧か？　濃化粧か？～

ツヤかマットか、素肌感かカバー力か、美しさの決め手となるベースメークは、いつの時代も女性たちの関心事。江戸時代も、薄化粧か濃化粧か、どんな白粉化粧がよいのかは、女性の教養書や美容書などにさまざま書かれています。

たとえば江戸時代初期、女性の身だしなみについて書かれた教養書『女鏡秘伝書《おんなかがみひでんしょ》』。「けわいのけしようの事」として、薄化粧の極意というような化粧法が紹介されています。

「おしろいをぬりて、そのおしろいすこしものこり侍れば、見ぐるしきものなり。よくよくのごひとりてよし」

白粉を塗ったのに、残らないようにふき取るってどういうこと？　と思いますが、これは、白粉を拭き取った後の肌にうっすら白粉が残り、まるで薄い白いベールをかぶったように見える肌のこと。つまり、素肌のようなナチュラルメークをさしているのです。

同じく江戸時代初期の『西鶴織留《さいかくおりどめ》』には、「素顔でさへ白きに、御所白粉《ごしょおしろい》を寒の水にときて、二百へんも摺付《すりつけ》……」とあり、白粉を何度も塗り重ねている女性のようすが描かれています。江戸初期は薄化粧がよいとされながらも、好みで濃化粧をしていた女性もいたことがわかります。
　ほかにも江戸と京都・大坂の風俗の違いについて比較している『守貞謾稿《もりさだまんこう》』には、「京坂の女性は江戸よりも化粧が濃い」とか「京坂の遊女役者などは市中の女性よりも濃い」とあり、江戸では「近年は薄化粧が流行しているが濃化粧の人もいる」と書いています。白粉化粧の濃い薄いは、時代や地域、身分や職業によってもいろいろであったようです。

**やっぱり
人気のナチュラル肌**

「当世薄化粧」

鏡を持って顔を見ている女性。当世薄化粧とあり、江戸時代後期の化粧の流行を描いているのでしょう。

14　白粉《おしろい》化粧　～ヒット商品～

化粧シーンを描いた浮世絵を見ていると、女性のかたわらに化粧品が置かれているのに気づくことがあります。こうした浮世絵に登場する化粧品で有名だったのが「美艶仙女香《びえんせんじょこう》」です。

「美艶仙女香」は、江戸京橋南伝馬町稲荷新道にあった坂本氏製の白粉。「仙女香」という名称は、江戸時代中期の寛政年間に活躍した女形の役者、三代目瀬川菊之丞《せがわきくのじょう》の俳名の「仙女」からとってつけた商品名です。

坂本氏は、版元に頼んで浮世絵美人画のなかにさりげなくパッケージを描かせたり、戯作者の書く読み物のなかで登場人物に商品名や効能をいわせたりという巧みなタイアップ広告を仕掛けて女性たちにアピールしたのです。その効果もあって美艶仙女香は大ヒット、一躍有名になっています。

文政七（一八二四）年に刊行の『江戸買物独《ひとり》案内』というショッピングガイドにも広告があります。

「おかほの妙薬、美艶仙女香。一包四十八銅。此仙女香は常に用いていろを白くし、きめこまかにす。はたけそばかすによし。できものの類を早く治す」と効果効能を訴え、「薬十包以上お求めなられし御方へは、江戸三役者を偲び、自筆の扇一本呈上仕候」とおまけグッズで誘う宣伝文句で、女性に思わず買ってみたい！　と思わせています。

大ヒット白粉

「美艶仙女香」

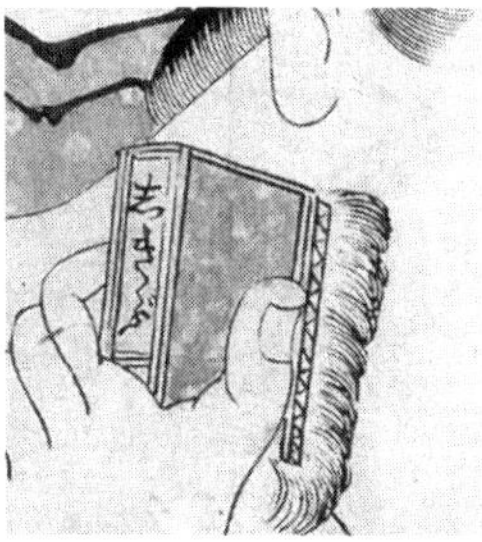

〈拡大〉

〈拡大〉

若い芸者が「志きぶ」と書かれた刷毛を使って白粉をのばしているのがわかります。右上のコマ絵に「美艶仙女香」が描かれています。

15 白粉《おしろい》化粧 ～白粉化粧道具～

江戸時代、白粉化粧に使われた道具のひとつに、「白粉三段重《おしろいさんだんかさね》」があります。陶磁器製の白粉容器で、一段目、二段目で白粉と水を溶き合わせ、一番下の深い三段目に水を入れて使っていたと考えられています。花や鳥などの図柄が描かれたものが多く、鮮やかな色彩のひときわはなやかな化粧道具です。

もうひとつ、白粉化粧に欠かせない道具が「刷毛《はけ》」です。水で溶いた白粉は刷毛や指で塗りのばしましたが、その部位は顔だけではなく、耳や襟首、デコルテまでと広範囲です。何カ所も塗るので塗りむらにならないように、牡丹《ぼたん》刷毛や水刷毛、眉刷毛、板刷毛といった多様な形状、サイズの刷毛をつける部位や順序で使い分け、乾きすぎないうちに手早くのばすというテクニックを駆使していました。

塗り方では、首は顔よりも濃く白粉を塗って顔を浮きたたせるようにするなど、白一色ではあっても、その濃淡で美しく魅せるという工夫を凝らしています。

さまざまな用具を使い分ける白粉化粧。洗練された化粧法が完成していました。

白粉を水で溶いたようすを再現。好みや塗る部位を考えて水の量を調節しながら使っていたのでしょう。

好みの濃さで
ばっちりも、ナチュラルも

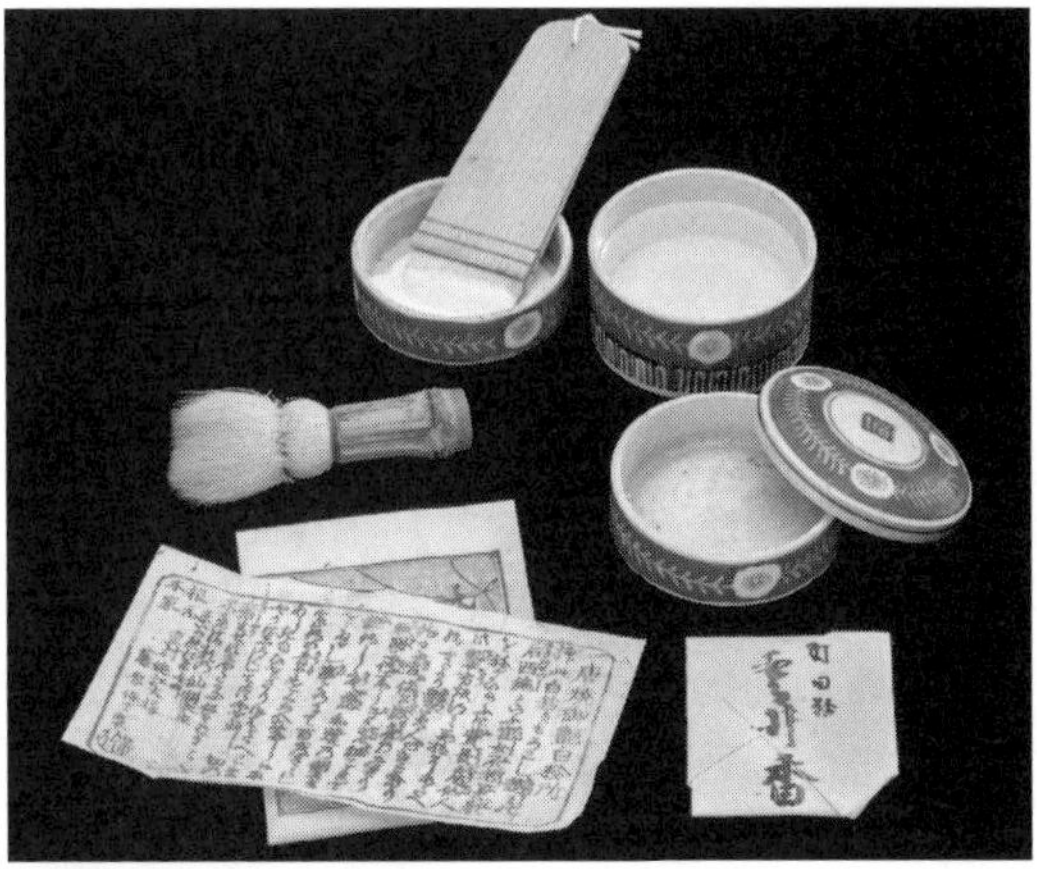

白粉三段重

牡丹刷毛、水刷毛

仕上がりは
刷毛しだい？

白粉包み

16　白粉《おしろい》化粧　～白粉の生産と販売～

古くから使われてきた白粉は、大きく分けると、植物性と鉱物性の二種類があります。植物性は米粉など穀物からつくられたもの。一方、鉱物性には、鉛白粉と水銀白粉があります。

江戸時代には、鉛白粉は製造も流通も発達して水銀白粉より安価であったことから、白粉といえば鉛白粉が広く一般的に使われています。庶民も化粧をするようになり、白粉の需要も増して江戸時代後期には、「小町白粉」「舞台香」「白牡丹」などさまざまな銘柄の白粉が販売されています。品質にも上中下があって、粒子が最も細かく上質な「生白粉《きおしろい》」、粒子の細かさが中程度で芝居役者の使う「舞台香」、粒子が粗く安価な「唐の土・土白粉」とランクによる呼び名があったようです。

白粉は畳紙で包装されて販売されていました。白粉包みと呼ばれたパッケージの表には、人気役者の絵があったり、小野小町風の美人や白さを連想させる鶴が描かれていたりと、どれも女性たちが買ってみたくなるようなデザインがほどこされています。

『人倫訓蒙図彙』

白粉をつくる職人の姿を描いています。手前に見えるのは、白粉屋の看板です。

思わずパッケージ買いしたくなる？

白粉包み

17 フレグランス〈香〉～香りのおしゃれ～

香水やお香、アロマエッセンスなど、現代ではいろいろな香りの楽しみ方がありますが、香りを用いるようになったのはいつ頃だと思いますか？

香を生活のなかで楽しむようになったのは、奈良時代の終わりから平安時代のようです。平安貴族の間では、香をたしなむのは、教養になっていました。鎌倉・室町時代には、香木の香りを鑑賞する「聞香《もんこう》」、そして香りを鑑賞する作法の「香道」が確立。江戸時代には、武家階級から町民階級にまで香文化は広まり、江戸時代の元禄頃に最も盛んになったといわれます。

また、一般に広がった香は、いろいろな使い方がされています。部屋で焚くことのほかに、江戸時代の美容書『都風俗化粧伝《みやこふうぞくけわいでん》』には、「掛香《かけこう》」の説明があります。掛香とは、植物香料の丁子《ちょうじ》、甘松《かんしょう》、白檀《びゃくだん》などを混ぜて絹の袋に入れ、室内に掛けたり首から掛けて携帯する香りの楽しみ方です。そのほかにも香料を箪笥《たんす》に入れ着物に香りを移したり、香を焚いて着物に香りを留めたり、木や陶磁器、竹製の香枕《こうまくら》で香を焚き、髪に香りを移すというおしゃれもされていました。

変わった香道具には、「香時計《こうどけい》」があります。香時計は、寺院や遊郭などで使われた時間を計るための道具。使い方は、まず四角い木箱のなかに敷き詰めた灰の上に木型を置きます。木型の溝に沿って抹香を入れて木型をはずすと抹香が線上につながり、この香の回路に点火して燃えた長さで時間を計っていました。

美人は香りで勝負？
『絵本十寸鏡』

伏籠に衣服をかけ、なかに香炉を入れようとしています。

山水蒔絵阿古陀香炉《さんすいまきえあこだこうろ》

軍配団扇形蒔絵香箱

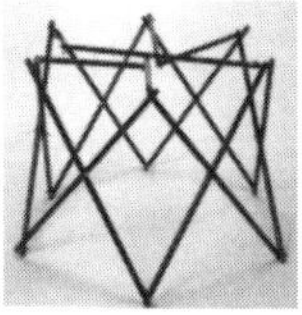
黒漆塗伏籠

「江戸名所百人美女　小石川牛天神」

聞香炉を持って香を聞いています。膝の前には香道具が見えます。

香りで時をつげる
なんてステキ
組み立て式香時計

コラム4

オーラルケアは万全に

江戸時代には、歯磨きも一般的な習慣になっていました。歯ブラシは、柳の枝先をたたいて房状にした「房楊枝《ふさようじ》」というもの。歯磨き粉も販売されていて、銭湯や寺社の境内などで売られていました。江戸時代中頃には、「丁子屋《ちょうじや》はみがき」「梅勢散《ばいせいさん》」など、なんと百種類もの歯磨き粉が販売されていたといいます。

歯磨き粉がそんなにあったのも、江戸の男女にとって歯磨きは、社交のうえでは必須のマナーだったのだとか。清潔な白い歯は、江戸っ子の粋なおしゃれポイント。歯磨きをしない野暮な男は、当然、女性にモテなかったのでしょう。

この時代の歯磨き粉の代表的なものに、「房州砂《ぼうしゅうずな》」と呼ばれたものがあります。今の千葉県で産出されたきめ細かい砂に「竜脳《りゅうのう》」「丁子」「白檀《びゃくだん》」といった漢方薬の香料をまぜたものでした。白い歯にいい香り、「いいね！」に一票ですね。

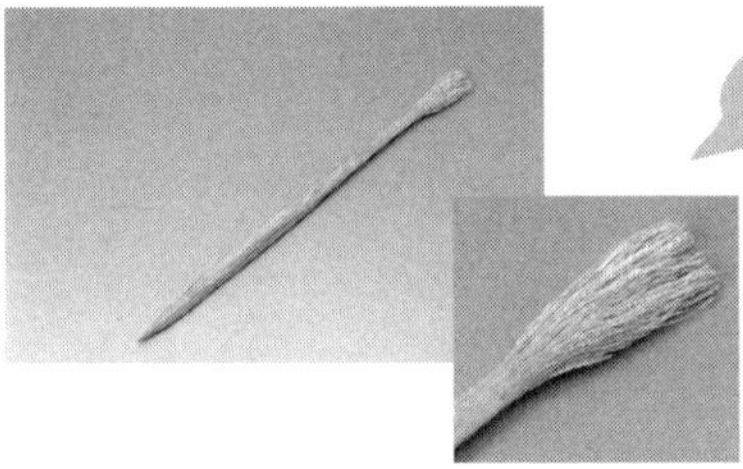

房楊枝（再現）

「浮世四十八手　夜をふかして朝寝の手」

〈拡大〉

房楊枝は昔の歯ブラシ。長い房楊枝に歯磨き粉をつけて歯を磨くのが、朝の習慣。柳の木の先端をたたいて、ふさのようにして使った。

コラム5

アイメークのテクニック

江戸時代のメークといえば、白《おし》粉《ろい》、眉墨、お歯黒、紅、これだけ。色は白、黒に、色味は赤の一色。そんな少ない化粧品であっても、目の上や周囲にほんのり紅色をさすアイメークをしていました。現代のさまざまな色を駆使したアイメークとは違って、白粉と紅の濃淡と眉化粧を工夫して、江戸娘は目の表情を演出していたのです。

驚くのは細かなメークテクニック。個人の目の特徴をよくつかんで、より美しくする方法が考えられていたことです。江戸時代を代表する美容書『都風俗化粧伝《みやこふうぞくけわいでん》』には六つのアイメーク法が指南されています。例をあげると、

「目尻の垂れ下がるのを上げて

江戸時代にもありました！
「ビューティテクニックBOOK」

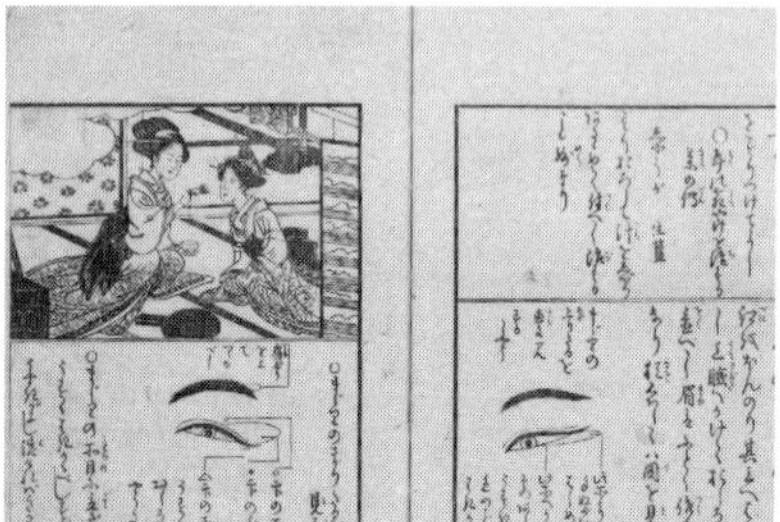

『都風俗化粧伝』

イラスト付き化粧テクニックは、今見ても参考になりそうなものばかり。

見せる方法」は、まぶたの白粉を濡れ手拭で目尻を上の方へ向けてそっとぬぐい、紅をいたって薄くほんのりと目尻に上の方へ向けて塗ります。このときの眉は、少し細く、眉尻は少し上げめにつくります。

「目の大きいのを細く見せる方法」は、まぶたの上に白粉を濃く塗り、*生燕脂《しょうえんじ》をいたって薄くさすと目の大きいのが目立たない、としています。また、「目八分」といって足元より向こう一間（約一・八メートル）あたりを見ると、目の大きさがいい塩梅になるという方法も。

江戸時代でも美人になりたいというメーク心は今と同じ。よく考えられた修正メークに感心です。

*生燕脂：中国から輸入の紅。綿に染ませて乾燥したもので、湯に浸して出す鮮紅色の染料。

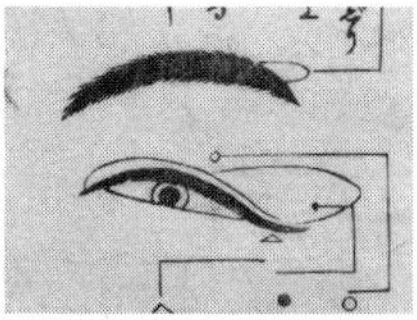
目尻の垂れ下がるのを上げて見せる方法

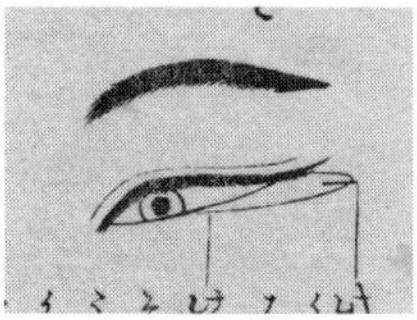
目尻の上がったのを真直ぐに見せる方法

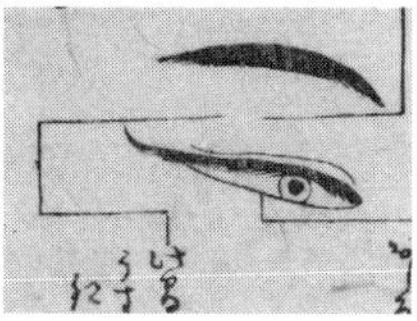
目の大きいのを細く見せる方法

コラム6

夏メークでさわやかに

冷房なんてもちろんない江戸時代。涼しげに見せる意識は今よりずっと高かったようで、夏メークがちゃんとありました。

当時のおしゃれ女子が熟読していたメーク指南書『容顔美艶考《ようがんびえんこう》』には、夏メークについてこんなふうに書いてあります。

「洗顔後はよく顔を冷やして、その上に薄く白粉《おしろい》を塗る。さらに余った白粉を首へ塗り、耳の前後は素肌のままというのがコツ。濡れ手拭でそっと押えるのもいい。」

メーク前に顔をクールダウン、濡れ手拭で押えるのは化粧くずれ防止策。さらに、当時の通常メークは首は顔よりも濃く、耳にも白粉を丹念に薄く塗るのが基本なのに、あえて首も軽めに塗り、耳は塗らず素肌感を残すという上級テクニック。ちょっとした工夫で清涼感を演出し、薄化粧で涼しげな姿をキープするのが江戸の夏メークだったようです。

今の日本の夏は、外は蒸し暑く汗がふき出すようでも、室内は冷房で乾燥状態という肌にとっては過酷な環境です。朝はバッチリでも夕方はドロドロなんてことにならないように、日差しから肌をしっかり守り、化粧くずれなんて見せない、さわやかなメーク顔の一日を心がけたいですね。

『容顔美艶考』

江戸時代すでにあった、手のひらサイズのメークブック。47 ものテーマをあげて、季節、年齢、身分にあったメーク法が書かれている。

＼手動 扇風機！／

「千代田之大奥　入浴」

手で扇風機をまわす大奥の女性 。優雅に描かれた江戸大奥の女性が入浴の後、涼をとる姿。

コラム7
ヒットコスメ「江戸の水」と宣伝プロモーション

江戸時代の化粧品店にあたるのが小間物店です。化粧水も白粉《おしろい》や紅などと一緒に売られていました。

いろいろな銘柄の化粧水が売られていたなかで、江戸時代後期に大ヒットした化粧水があります。その名も「江戸の水」。式亭三馬《しきていさんば》が経営する小間物店が製造・販売していた化粧水です。そして、式亭三馬といえば滑稽本《こっけいぼん》『浮世風呂《うきよぶろ》』『浮世床《うきよどこ》』などで知られる売れっ子作家で、副業が小間物屋でした。自家製の化粧水を使っていた女性たちまで買い求めるほどの大評判、その評判を生み出したのは、巧妙な宣伝です。

江戸のドラッグストアー?!

式亭三馬の小間物店。
左の方に大きく「江戸の水」という
化粧水の看板が見える。

化粧する女性たちをターゲットに、式亭三馬は販売商品を覚えさせて、購買に誘導するプロモーションをしかけたのです。まずはネーミング。「花の露」や「菊の露」といった肌にやさしい天然素材をイメージするようなほかの化粧水と違い、「江戸」とつけた商品名は都会的な新しさをアピールしています。容器がガラス瓶というのも江戸時代にはとてもおしゃれなもの。

そしてすごいのは、人気のあった自著の読み物のなかで、登場人物に「江戸の水」の名前や化粧効果をいわせるという巧みなプロモーションです。『浮世風呂』には「おしろいのよくのる薬とぬかりなく宣伝を仕込んでいます。こうした江戸版のすり込み型プロモーションが功を奏して「江戸の水」は大ヒット。

江戸時代も、読本や浮世絵、引き札といったメディアを利用した宣伝が盛んだったのです。

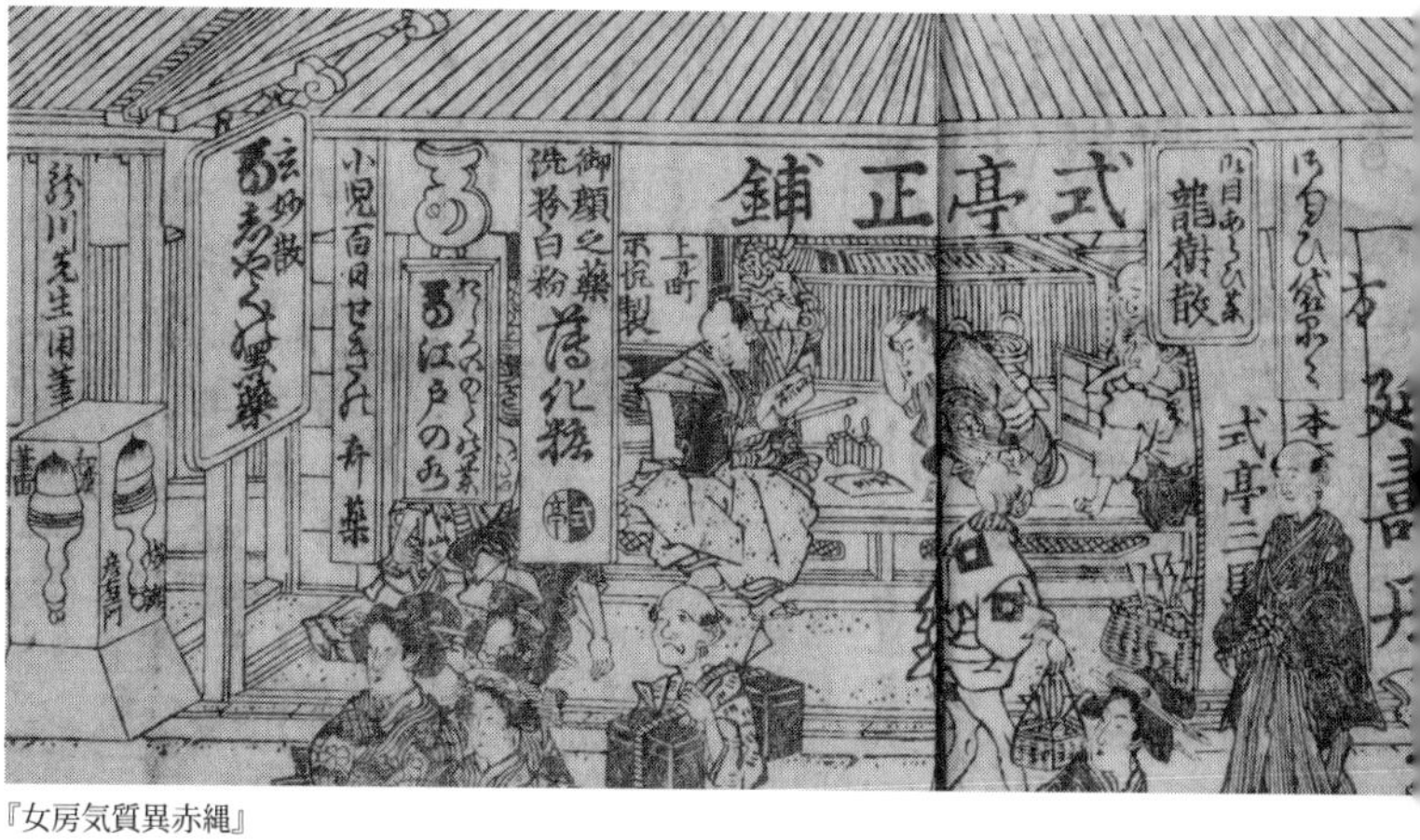

『女房気質異赤縄』

第4章　浮世絵にみる「粋《いき》」

1　江戸の「粋《いき》」ってなに？

「粋」とは、洗練された心意気や色っぽさ、あか抜けているという意味をもつ美意識。「粋」「意気」「大通」「当世」「好意」など、さまざまな漢字があてられています。

「粋」は、江戸町人の文化から花ひらいた美意識です。

そもそも江戸は徳川将軍のおひざ元。全国の諸大名とその家臣が居住する〝武士が中心となる都市〟でしたが、江戸時代中期の頃には経済力をつけた町民が台頭し、文化の担い手としても町人が力を持つようになっていきます。とはいえ、江戸時代は武士を頂点とする身分制度の社会。服装や住む場所など生活全般において、身分による制限や規制が定められていました。幕府は、ぜいたくを禁止する奢侈禁止令《しゃしきんしれい》を何度も出しています。しかし、町人たちはさまざまな規制をするりとすり抜け、むしろ逆手にとって新たな美を生み出していきます。

町人が自分たちの生活から生まれた独自の美意識を磨き上げていき、そこで開花したのが「粋」でした。

たとえば、派手な色模様の着物が禁止されれば、一見地味な色に何色もの微妙な色合いをつくり風情を楽しんだり、表からは見えない羽織の裏に意匠をほどこしたりと、繊細で趣《おもむき》深い「粋」の美を生み出しています。

「粋」は立ち居振る舞い、着物の模様や着付け方、髪型、化粧法など生活のあらゆる場面に表現されています。こうした粋をビジュアルで伝えてくれるのが浮世絵です。現代では美術品として鑑賞される浮世絵は、江戸時代には今よりずっと身近なものでした。写真もテレビもない時代の人々にとって、浮世絵は生活に密着した情報を知る手立てだったのです。江戸の風俗や流行を描いた浮世絵からは、「粋」が時を超えて鮮やかに伝わってきます。

浮世絵を求めて大にぎわい！

「今様見立士農工商　商人」

浮世絵を手にした若い娘。熱心に見ているのはひいきの役者でしょうか。

2　粋《いき》な姿

粋を表現する言葉として「艶っぽさ」や「色気」がありますが、対極にあるのが「威厳」です。

左右対称で均衡のとれた形は、安定性があって人の心を落ち着かせるといわれています。たとえば、きちっとした制服でまっすぐ正面を向いて立つ警察官の姿からは信頼が感じられます。治安を守る警察官には威厳が必要。不安定な姿勢や着くずした服装では威厳を十分に示すことができません。

一方、粋につながる表現になるのが、軽くくずした姿勢です。江戸時代の美人を描いた浮世絵にはたびたび、膝《ひざ》を軽く曲げて身体をひねった立ち姿が見られます。こうした不安定にも見える姿勢からは、やわらかい印象やチャーミングな魅力が伝わってきます。

均衡を少しくずして隙《すき》を見せることは、相手に親しみやすく近づきやすい雰囲気を与え、そのうえ、「艶っぽさ」や「色気」を醸し出すポイントにもなっています。

くずした姿勢で、たたずむ浮世絵美人の姿には、江戸の人々の感じる「粋」が描かれています。

「亀戸初卯祭」

「つぶし島田」を結った芸者らしき美人。軽く膝を曲げた姿が艶っぽさを感じさせます。

3　縦縞模様で「すらり」と

江戸幕府は、奢侈禁止令《しゃしきんしれい》をたびたび出しています。町人は表向きには華美な着物を着られない時世。けれども、そうした逆境にあっても町人たちは「粋」なよそおいを求めてさまざまな工夫をしています。その一例が、シンプルで一見地味に見える趣向を凝《こ》らした縞《しま》模様《もよう》。太い縞、細い縞、太いと細いを組み合わせた縞柄など、多様な縞模様のバリエーションが生み出されていき、男女ともに日常の着物に欠かせない柄となっていました。

「縞」という語は、南方の島国を経由して輸入された筋模様《すじもよう》の生地が「島渡り」とか「島物」と呼ばれたことに由来しています。江戸時代前期の流行は「横縞」だったのが、江戸時代中期以降には「縦縞」が流行し、後期にはもっぱら「縦縞」が定着しています。

縦縞が好まれた理由は、今も昔も変わらないようで、ファッション雑誌で「ストライプの服はボーダーよりスマートに見えます」といった記事を目にしたことはありませんか？実は、江戸時代の美容書『都風俗化粧伝《みやこふうぞくけわいでん》』でも横縞（ボーダー柄）より縦縞（ストライプ柄）の着物がすすめられています。

背が高い人は「すらりと見えて風俗《ふり》よく見ゆる（身なりがよく見える）」とあって、背を高く見せる着物柄については、「縞ならば縦縞か縦筋の強いものがよい。横筋の強いものや横方向に平たい模様は好ましくない」とアドバイスが書かれています。すらりと見せたい江戸の女心。共感する人も多いのでは。

縦縞ですらり！

「江戸名所百人美女　浅草寺」

縦縞の着物を着こなしているのは浅草寺近くにあった茶屋の若い娘。

4 「湯上り」の色っぽさ

江戸の町では、武家屋敷や裕福な町人などをのぞいて、風呂のない家が普通でした。一般庶民は町内に一、二軒あった風呂屋に通い、汗や汚れを洗い流していました。

老若男女さまざまな人々が集った銭湯。公衆衛生の施設であるだけでなく、世間話に花を咲かせたり碁や将棋を楽しんだりと、町の手軽な社交場でもありました。また、風呂屋から出てくるさっぱりとあかぬけた湯上りの女性を目にするのも日常の光景でした。

江戸時代の人情本『春色辰巳園《しゅんしょくたつみのその》』には「いつも立寄《たちよる》湯帰りの姿も粋な米八（芸者の名前）、垢抜《あかぬ》けしたる糠袋《ぬかぶくろ》口にくわへて」と、芸者の日常の姿が描写されています。洗いたての髪や少しほどけた髪の毛、無造作に着た浴衣《ゆかた》や、ちらりと見える赤い襦袢《じゅばん》（下着）からほのかに暗示される湯上り特有の色気を江戸の人々は「粋」と感じていたようです。

湯から上がったばかりの女性を題材にした浮世絵も数多く残されています。浮世絵師たちが、湯上り姿を生活のなかの美しさとしてとらえた絵心に、江戸時代の人々の美意識を知ることができます。

湯上り美人！

「江戸名所百人美女　小梅」

浴衣を着た美人は風呂から出てきたばかり。汗をぬぐっているのでしょうか。手ぬぐいを首筋に当てています。

5　髪型はくずして魅せる

長く艶やかな黒髪が美人の条件であったのが、平安時代から続く日本の伝統文化。江戸時代は、女性の髪型史上で最もはなやかな日本髪成熟期であり、髪型のバリエーションも広がって数百種にもおよんだといわれています。年齢や職業、地域や身分、未婚・既婚などで結う髪型が違っていて、髪型から、どこのどんな女性なのかわかったというのも日本髪の興味深いところです。

そうした髪型事情にあって、武家の子女から庶民まで、江戸時代を通じて結われた代表的な髪型が「島田髷《しまだまげ》」です。「島田髷」は未婚女性の髪型として定着し、そこからいろいろなバリエーションが生まれています。そのバリエーションのひとつに、「島田髷」の髷をつぶしたような形にした「つぶし島田」があります。芸者などの粋筋が好んだ髪型です。ほかの髪型でも、形がイチョウの葉に似ている髪型の「銀杏返し《いちょうがえ》」を粋筋の女性たちは、基本形より髷を少し下がり気味にくずして結ったりもしています。

髪型を軽妙にくずして魅せるテクニックで次々とバリエーションをつくり出すのも〝粋なよそおい〟の楽しみだったのかもしれません。

あえて「くずす」
魅惑のテクニック！
江戸名所
百人美女

「江戸名所百人美女　花川戸」

鏡の前で芸者らしき女性がヘアセット。笄《こうがい》を髪に挿そうとしています。

6　襟足を見せる「粋」

着物の後ろ襟を抜いて首筋を見せる着方を「抜《ぬ》き衣紋《えもん》」といいます。「抜き衣紋」は、髪を結い上げる際につける鬢付《びんつ》け油で着物の襟元が汚れるのを防ぐためにはじまった実用的な着方といわれています。

江戸時代と同じ頃、ロココ時代のフランスでは、肩や背を広く開けて首から胸の部分のデコルテを見せるドレスが流行していました。一方、江戸では肩や胸の部分をあからさまに見せるのは「垢抜《あかぬ》けない」「野暮《やぼ》な」「無粋《ぶすい》な」こととされていて、軽く着物を着くずして、首筋から背を少しだけ見せるのが粋な着付け方として好まれていたのです。

浮世絵には、お手入れした襟足や後ろ髪を合わせ鏡で入念にチェックしているようすなど、「抜き衣紋」を描いた作品が多くあります。ほのかにのぞく襟足には首筋をきわ立たせるように白粉《おしろい》がほどこされてます。江戸の女性たちにとっては、顔だけでなく襟足にも丁寧に化粧をすることが白粉化粧の基本だったのです。

少しだけ見せることで何かを暗示させる美意識。襟足を見せる「抜き衣紋」は、粋なおしゃれテクニックでもあったようです。

おしゃれポイントは襟足

「山海目出多以図会　くせが直したい　相州鰹魚釣」

合わせ鏡で襟足の白粉の付き具合を確認。左下には白粉包みも描かれています。

7 「チラ見せ」の美学

江戸の人々から「粋筋《いきすじ》」といわれたのが芸者。

当時の芸者は着丈の長い着物を着るので、歩くときは、ひきずらないようにと着物の裾を持ち上げていました。この裾を持ち上げる所作を「褄《つま》をとる」といいます。「褄」とは、端《つま》の意味で、着物の裾の端の部分を指す言葉です。

俗に「左褄《ひだりづま》」といえば芸者を意味します。それは、色気が売りの遊女が右手で褄をとったのに対して、芸者は左手で褄をとったからなのだとか。着物や襦袢《じゅばん》の合わせめは右側なので、あえて左手で左側の褄を持つと裾から手が入りにくくなるからというのが理由だそうです。つまり、「左褄をとる」のは「芸は売っても身は売らぬ」という芸者の矜持《きょうじ》をあらわしていたのです。

浮世絵にも褄をとったときに見える下着の襦袢や足のすねが白くチラリと見えるようすがよく描かれていて、ほのかな色気が伝わってきます。浮世絵だけでなく、人情本『春告《はるつげ》鳥《どり》』には「肌の雪と白き浴衣《ゆかた》の間にちらつく緋縮緬《ひちりめん》の湯もじ（下着）を蹴出《けだ》すうつくしさ」という艶っぽい描写があるように、江戸の人々がチラリと見える色っぽさを意識していたことがわかります。

色気をあからさまに見せないアプローチの「チラ見せ」にも、少しくずす美意識と共通した心情があるように思えます。

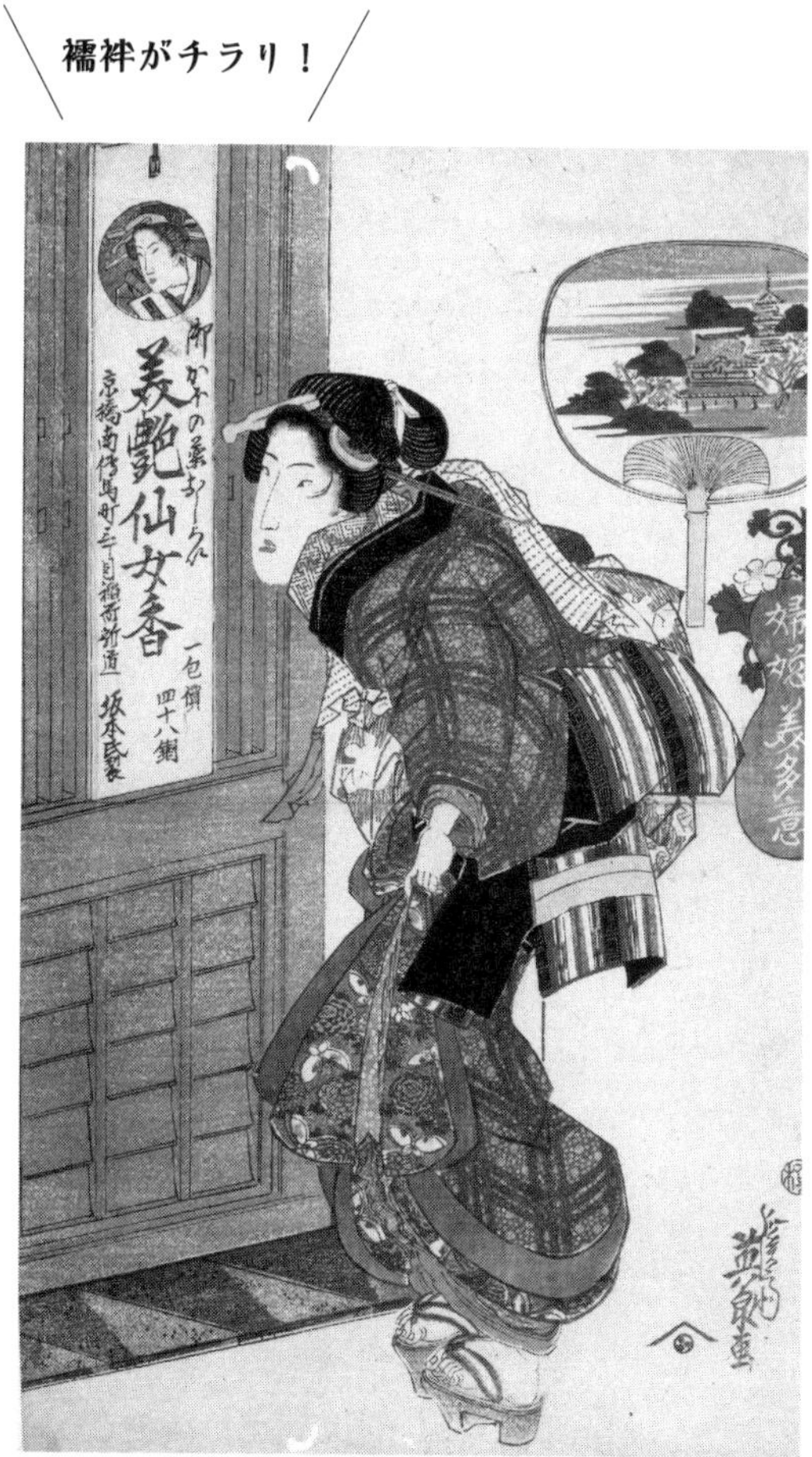

「婦嬉美多意」

浴衣を抱え、これから風呂屋に向かうのでしょうか。左手で褄をとって、赤い襦袢がのぞいています。

8　江戸っ子の「意気地」

現代の和服のよそおいでは、着物を着たときの足元は木綿の白い「足袋《たび》」を履くのが基本とされています。

江戸時代はじめ頃の足袋は、革製で筒が長い足袋が多かったようです。現在のような木綿などの布製の足袋が広く使われるようになったのは江戸時代の後期。布製の足袋が広がった背景には、江戸の大火事で火消しの着る耐火用の革羽織の需要が高まり皮革の価格が高騰したことがあります。木綿の普及もあり、革に代わって木綿製になったようです。

ところが、身分の上下を問わず人々が木綿の足袋を履くようになった時代だというのに、浮世絵には寒々と雪が降るなか、立派な着物を着ていても足元は足袋を履かずに裸足のままという芸者の絵があります。

江戸の芸者は、冬といえども足袋を履かずに白い素足でいることを誇りとしていたそうです。人情本『春色梅児誉美《しゅんしょくうめごよみ》』には「素足《すあし》も、野暮《やぼ》な足袋ほしき、寒さもつらや」（素足には野暮な足袋でもほしい寒さ）とあります。

野暮は粋の反対の感性。「粋」は「意気」「意気地」であり、「やせ我慢」もまさに粋のカタチ。

冬の季節に着物の裾からちらりと見せる芸者の素足は、寒さを我慢しても粋を貫く芸者の心意気のあらわれです。

「江戸名所四季の眺　隅田川雪中の図」

足袋も履かず雪道を歩く女性たち。

〈拡大〉

9　粋な流行は歌舞伎から

江戸時代、娯楽の代表は歌舞伎でした。江戸や上方には、現代の映画館のように常設の芝居小屋がいくつも建てられ、武家や町人の男女が大勢足を運んでいます。歌舞伎は一大エンターテインメントだったのです。

歌舞伎のはじまりは、阿国《おくに》という女性がはじめた「かぶき踊」といわれています。やがて、これをもとに「女歌舞伎」が生まれますが、風紀を乱すとして江戸時代はじめに幕府から禁止されてしまいます。

その後、少年の演じる若衆歌舞伎を経て、前髪を剃った野郎頭の成人男性が演じる野郎歌舞伎へと変わっていきます。芝居の様式も確立されて、は

身近なエンターテインメント

臨場感あふれる歌舞伎の舞台。
歌舞伎に夢中の観客たちは皆イキイキとした表情です。

「大芝居繁栄之図」（都立中央図書館特別文庫室所蔵）

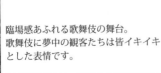

なやかな衣装の役者たちの演技に多くの人が魅了されています。

江戸時代の女性向け教養書『女重宝記《おんなちょうほうき》』に「ときのはやり模様は、大方歌舞伎芝居より出る」とあり、歌舞伎は流行の発信源にもなっていました。江戸っ子は、千両役者といわれるビッグスターのファッションにも注目。その模様や色を流行の先端として取り入れる遊び心を「粋」としたのです。

写真のない時代、ビジュアルで情報を伝えたのが、大量に刷られた浮世絵です。浮世絵には、人気の役者や歌舞伎シーンを描いたものが数多くあり、そこに人々の心をとらえた流行を見ることができます。

10　佐野川市松の「市松模様《いちまつもよう》」

歌舞伎の役者名がついた模様で有名なのが「市松模様」。色の異なる二つの四角形を交互に並べた格子柄《こうしがら》。チェッカー柄ともいいます。元々は石畳《いしだたみ》模様と呼ばれていたのが、「市松模様」という呼び名に変わり、今でも一般的に使われています。

呼び名の由来は、人気役者の佐野川市松《さのがわいちまつ》の名前から。佐野川市松は江戸・中村座での初舞台、「高野山心中」で大当たりを取ったのですが、この時、紺と白の石畳模様の袴を穿いて登場。佐野川市松の水もしたたるような若衆ぶりに観客は魅了されたそうです。

この大当たりをきっかけに、おしゃれに敏感な江戸の女性たちは石畳模様の小袖をこぞって着はじめたとのこと。この流行から石畳模様は「市松模様」と称されるようになったのです。

左の浮世絵の若い芸者は青海波《せいがいは》の地紋に「市松模様」の粋な着物。そして、少しくずした「つぶし島田」の髪型で、腕守りというおしゃれな腕輪をふだんは見えない二の腕にしています。どこからどこまでも粋にきわめています。

「江戸名所百人美女　第六天神」

青海波の地紋のあるはっきりした市松模様の着物。若い芸者の粋なよそおいです。

11　二代目瀬川菊之丞《せがわきくのじょう》の「結綿紋《ゆいわたもん》」と「路考茶《ろこうちゃ》」

江戸時代中頃、二代目瀬川菊之丞というたぐいまれな名優が江戸にあらわれます。役者としての魅力だけでなく、気性も金離れもよい人柄はまさに江戸っ子好みだったようです。現代でいうところのスーパースターである菊之丞は、ファッションにも大きな影響を与えています。女性のあこがれの的だった女形の菊之丞は、帯の結び方、着物の染め色やデザイン、ヘアスタイルなど、数々の流行を生み出しています。まさに江戸のファッションリーダーでした。

菊之丞が生み出したものに「結綿紋」と「路考茶」があります。「結綿紋」は何枚か重ねた真綿の中央を束ねた形の瀬川菊之丞の家紋です。菊之丞が「結綿紋」を衣装に入れるだけでなく舞台の引き幕にも染め出すと、ファンの女性たちの間で小袖や帯、櫛《くし》、さらに紙入れなど小物にまで「結綿紋」を入れるのがはやります。また、菊之丞が緑味を帯びた金茶色の衣装を着て舞台に出ると、渋い色にもかかわらず菊之丞人気からこちらも大流行。鶯《うぐいす》の羽の色にも似た染め色は菊之丞の俳名である王子路考から「路考茶」と呼ばれ、江戸中の女性たちが身につけたといわれるほどの人気となり、この時代を代表する色として知られています。
菊之丞は人気絶頂期に病に倒れ、三十三歳という短い生涯を閉じます。この世を去った後も、菊之丞が残したトレンドの「結綿紋」と「路考茶」は長く江戸っ子たちに愛好されたそうです。

「二代目瀬川菊之丞の遊女」

「結綿紋」をあしらった遊女の衣装を身に着ける瀬川菊之丞。

12 市川団十郎の「三枡模様《みますもよう》」と市村亀蔵の「亀蔵小紋《かめぞうこもん》」

歌舞伎の衣装には、現代でも斬新なデザインに見える模様がいくつもあります。初代市川団十郎が考案したという「三枡模様」もそのひとつ。大中小の三つの枡を上から見たデザインです。

初代市川団十郎は「荒事《あらごと》」を確立した人気役者。その豪放な芸風は心意気を重んじる江戸っ子の間で熱狂的な支持を得ていました。歌舞伎の演目「暫《しばらく》」のなかで団十郎扮する荒武者が、「しばらく」という声とともに登場し、悪人を追い散らす場面。このときの団十郎が身につけていたのが「三枡」の入った素芳《すおう》と呼ばれる衣装です。芝居とともにこの「三枡模様」が大評判に。「三枡」は市川家の家紋にもなり、浮世絵師・歌川豊国が描いた七代目市川団十郎は、着物だけでなく、煙管《きせる》や胴乱《どうらん》という小物袋などいたるところに三枡紋を入れていました。

もうひとつとても斬新なデザインに、渦巻き模様の「亀蔵小紋」があります。市村亀蔵が、歌舞伎の衣装に大小の渦巻き紋の小紋を着たことから評判になりました。小紋というのは、全体に細かい模様の入った柄の着物のこと。まるで蚊取り線香のようなユーモラスな渦巻き模様の「亀蔵小紋」も江戸の人々の間で大流行しました。渋い粋とは対極的な斬新な粋。一口に粋といっても江戸の粋は幅広いのも見どころです。

「見立　市川団十郎」

「中村喜代三郎・市村亀蔵・おきく幸助」

〈拡大〉

13　市川団十郎の「かまわぬ模様」と尾上菊五郎の「菊五郎格子《きくごろうごうし》」

江戸時代の流行に、絵や文字の組み合わせから隠された意味を当てさせる「判《はん》じ物」という謎解きがありました。

こちらは「鎌」と「丸い輪」と「ひらがなの〈ぬ〉」を組み合わせて「かまわぬ」と読ませるシャレのきいた判じ物です。「かまわぬ」は江戸前期の元禄の頃、派手なよそおいでやんちゃをしていた江戸の町人集団「町奴《まちやっこ》」たちが、「水火もいとわず身を捨てて弱いものを助ける」という心意気の印として好んで身に着けていたとか。

一時期廃れますが、江戸後期にふたたび広めたのは、人気役者の七代目市川団十郎。古くからある「かまわぬ」を歌舞伎の衣装に取り入れたところ、町人たちの間で大流行。いわば流行のリバイバルです。七代目市川団十郎には、ぜいたくを禁じた幕府の改革のあおりをうけて江戸追放の処分になり、その後許され、ふたたび江戸に戻ったという経歴があります。「かまわぬ模様」はそんな事情を心得た江戸っ子が、お上への反発心や荒事を得意とする団十郎の芸風にぴったりだと「粋」に感じたのでしょうか。

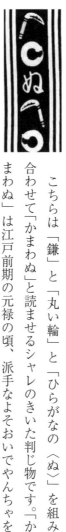

もう一つ、よく知られる判じ物が三代目尾上菊五郎考案といわれる「菊五郎格子」です。四本の縦筋と五本の横筋ではさんだ格子縞のなかに交互にカタカナの「キ」と漢字の「呂」を配しています。「キ」と「格子縞の四本と五本を合わせて〝九〟」と「横縞の五本の〝ご〟」と「呂」を合わせて「きくごろう」と読ませるという暗号のような模様です。

江戸っ子たちは、「判じ物」の気の利いたユーモアを粋なおしゃれと受け止めて、自分のよそおいにも取り入れています。

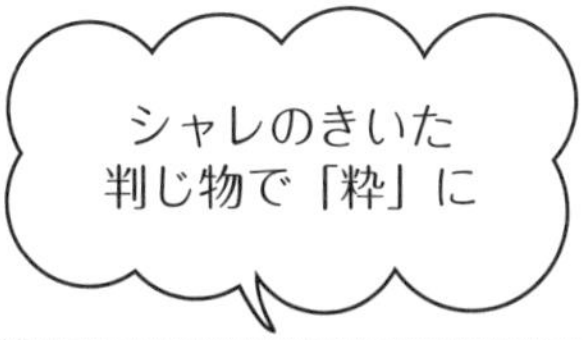
シャレのきいた
判じ物で「粋」に

市川團十郎
豊國画

「曽我祭侠競　七代目市川団十郎の魚屋団七」

市川団十郎が身に着けている浴衣は「かまわぬ模様」。男性が好んで用いた模様とのこと。

14　上村吉弥《うえむらきちや》の「吉弥結《きちやむす》び」

初期の小袖の帯は、屏風絵などで見ると前がはだけないようにするための紐や幅の狭い布でしたが、しだいに帯の幅は広く長くなっています。

女帯の幅が広くなりはじめたのは江戸時代中頃、遊女たちはすでに五寸（約十五センチメートル）ほどの広幅帯を用いていたそうですが、大きな変化は、人気役者の初代上村吉弥の舞台衣装がきっかけとなったといわれています。

上村吉弥は江戸前期に上方で活躍した女形です。名優といわれた吉弥が、幅広の長い帯を垂れ下がるようにはなやかに結んで舞台で見せたのが、一大ブームをおこします。

女性たちが吉弥をまねて帯の端におもりを入れ、結び余りが垂れ下がるようにした後ろ帯の結び方は、吉弥の名をとって「吉弥結び」と呼ばれました。この幅広の長い帯で結ぶ「吉弥結び」の登場は、帯のスタイルに革命をもたらしたといわれます。これを転機に女帯ははなやかな色彩や模様になり装飾性豊かになっていったのです。さらに結び方では、前や横に結んでいたのが後ろで結ぶようになり、現在のスタイルに近くなっていきます。

「見返り美人図」

江戸時代を代表する美人画の帯は「吉弥結び」。

コラム8

江戸っ子に愛されたアイドル娘

江戸時代の浮世絵には、粋な江戸っ子たちの生活やよそおいが数多く描かれています。写真も映画もない時代、浮世絵は手軽にビジュアルを楽しめる刷り物として大人気でした。グラビア雑誌のような役割だったのが浮世絵美人画。歌舞伎のスターや話題の花魁《おいらん》と肩を並べて描かれていたのが江戸娘。モデルは庶民の娘でしたから、「この子は誰？」とたちまち巷《ちまた》の話題に。浮世絵を見た江戸っ子たちは、一目見ようと娘たちの勤め先につめかけるほど。江戸の評判娘は、まさに〝元祖 会いに行けるアイドル〟でした。

代表的なのは、鈴木春信が描いた笠森稲荷の水茶屋（カフェのような場所）で働いていた「お仙《せん》」。今風にいえば美しすぎるウェートレスさんでしょうか。楊枝屋《ようじや》の「お藤《ふじ》」、水茶屋蔦屋《つたや》の「およし」とともに「明和《めいわ》三美人」と呼ばれています。お店は、お仙ファンや見物客で列をなすという盛況ぶりだったそうです。

また春信の後、美人画の大家といわれた喜多川歌麿も庶民の町娘をモデルに取り上げています。「寛永の三美人」の浮世絵です。描かれたのは、当時、江戸の町で評判だった「高島屋おひさ」「富本豊ひな」「難波屋《なにわや》おきた」の三人娘。十七歳の「おひさ」は両国の煎餅屋の娘、「豊ひな」は芸妓、「おきた」は浅草寺水茶屋の看板娘でした。

描かれたアイドルたちの面長のうりざね顔やほっそりとした柳腰は、江戸庶民の好みが、

そして着物や髪型、化粧には、その時のファッショントレンドが映し出されています。

元祖?!
会いに行けるアイドル

「当時三美人」

「おひさ」左　「豊ひな」中央　「おきた」右

コラム 9

元気な愛嬌娘「おちゃっぴい」

オチャッピイ、何とも愛らしくて心ひかれる響きでしょう。江戸時代、やんちゃな娘たちのことを〝おちゃっぴい〟と呼んでいました。言葉の由来には「お茶挽き」がつまって「お茶っぴい」になったという説があります。

元々は、遊里で客から声のかからない遊女が、ひまをもてあまして茶臼で葉茶を挽いていたことから、素人っぽい遊女を「お茶挽き」といったそうです。素人っぽい遊女と「お茶挽き」の連想から、少々やんちゃでカワイイ町娘を「おちゃっぴい」と呼ぶようになったのでしょう。愛嬌と人に媚《こ》びない気の強さをあわせ持つ江戸娘「おちゃっぴい」は、ちょっとはねっかえりだけど愛されキャラ。そして、粋なおしゃれもしていました。

おちゃっぴいは、絞りや型染め、絣《かすり》などいろいろな柄の着物でおしゃれを楽しんでいましたが、特に好んだのは縞《しま》柄と格子《こうし》柄。そして好みの色も茶色やねずみ色、紺色と地味。とてもシックなスタイルですが、その理由は、公家文化の伝統で雅な京や商人の町大坂に比べて、江戸は「渋好み」のセンスだったことがあるようです。

ただし、そこはおちゃっぴい娘、着付けはただ渋いだけではありません。地味な着物のなかに派手な色の「蹴出《けだ》し」（腰巻状の下着）や

「襦袢《じゅばん》」をコーディネイトするという工夫をしていました。挿《さ》し色で目をひくという裏ワザというわけですね。

愛されキャラの江戸娘
ニックネームは「おちゃっぴい」

「咲分ケ言葉の花　おちゃっぴい」

浮世絵になった江戸の愛嬌娘“おちゃっぴい”。

おわりに

ある時代の人々によって習得・共有・伝達されてきた美意識や生活様式の全体を文化と呼んでいます。そして、文化とは生活を豊かに彩るものでもあります。「おしゃれ文化史」として取り上げた化粧・髪型・よそおいは、私たちも大きな関心を寄せるテーマです。

現在、日常的に着ている服は洋服が一般的になり、髪型やメークアップを含めたファッションのグローバル化が広がっています。一方、そうした時流にあっても折々に、伝統を受け継いだファッションをしたり、目にすることも少なくありません。

現代の日本文化は、グローバル化と伝統が融合した文化といえるのではないでしょうか。

そうした今日、先人のつくり上げた日本独自のおしゃれの文化や感性のルーツを知ることで、日本文化の豊かな歴史を感じていただき、毎日のおしゃれのスパイスにもなればと本書を編集しました。

最後に、貴重な図版を提供していただいた関係各位、ポーラ文化研究所の研究に目をとめ、書籍にする機会をくださった秀明大学出版会に感謝を申し上げます。

《掲載画像資料　所蔵先》下記以外はポーラ文化研究所所蔵

第１章　伝統化粧のはじまりと発展

復元遣唐使船（広島市）
高松塚古墳壁画　西壁女子群像（国　文部科学省所管）
「鳥毛立女屏風」（正倉院宝物）
「小倉百人一首（持統天皇）」菱川師宣（国立国会図書館デジタルコレクション）
「東大寺縁起絵巻」（東大寺）（画像提供　奈良国立博物館〈撮影　佐々木香輔〉）
「源氏物語　若紫図」渡辺広輝（徳島県立博物館）
「紫式部」狩野常信（泉屋博古館）
「雪月花」上村松園（宮内庁　三の丸尚蔵館）
「三十六歌仙額（小大君）」狩野尚信（金刀比羅宮）
「松崎天神縁起絵巻」（山口県防府天満宮）
「源氏物語絵巻　夕霧」（五島美術館）
女房装束（復元）（京都文化博物館）
「佐竹本三十六歌仙絵巻」土屋秀禾（模写）（秋田県立図書館）
「源氏物語絵巻　東屋」（徳川美術館　ⓒ徳川美術館イメージアーカイブ／DNPartcom）
「源氏物語絵色紙帖　眞木柱　詞日野資勝」土佐光吉（京都国立博物館）
「伊勢物語図色紙」（斎宮歴史博物館）
「平家物語（奈良絵本）　敦盛最期」（神奈川県立歴史博物館）
「男衾三郎絵詞」（東京国立博物館　TNM Image Archives）
「婦女遊楽図屏風」（大和文華館）
「妓王」（京都大学附属図書館）
梅蒔絵手箱（三嶋大社）
「職人尽歌合（七十一番職人歌合）」（模本）（東京国立博物館　TNM Image Archives）
「豊公吉野花見図屏風」（細見美術館）

第２章　江戸時代のよそおい

「湯女図」（MOA 美術館）
「婦女遊楽図屏風」（大和文華館）
東名遺跡出土木製櫛（佐賀市教育委員会）
鳥浜貝塚出土漆塗櫛（福井県立若狭歴史博物館）
顔面付き角製簪（東北歴史博物館）
『御請合戯作安売』（国立国会図書館デジタルコレクション）
「紙本金地著色舞踊図」（京都市）
『新撰御ひいながた』（国立国会図書館デジタルコレクション）

「美人立姿図」宮川長春（太田記念美術館）
「団子を持つ笠森お仙」鈴木春信（東京国立博物館 TNM Image Archives）
白紋綸子地松竹梅鶴亀模様打掛（田中本家博物館）

第３章　江戸時代の化粧

ノイバラ（国立科学博物館附属自然教育園）
ヌルデ（千葉県立中央博物館〈撮影　尾崎煙雄〉）
紅餅、紅花（草木染工房　瓶屋〈http://kameya-co.jp/〉）
『人倫訓蒙図彙』（国立国会図書館デジタルコレクション）

第４章　浮世絵にみる「粋《いき》」

「今様見立士農工商　商人」歌川豊国（国立国会図書館デジタルコレクション）
「江戸名所四季の眺　隅田川雪中の図」広重（国立国会図書館デジタルコレクション）
「大芝居繁栄之図」歌川豊国（都立中央図書館特別文庫室）
「二代目瀬川菊之丞の遊女」石川豊信（たばこと塩の博物館）
「見立　市川団十郎」（立命館大学ＡＲＣ〈arcUP1971〉）
「中村喜代三郎・市村亀蔵・おきく幸助」石川豊信（東京国立博物館 TNM Image Archives）
「曽我祭侠競　七代目市川団十郎の魚屋団七」歌川豊国（たばこと塩の博物館）
かまわぬ模様・菊五郎模様（梨園染　戸田屋商店〈http://www.rienzome.co.jp/〉）
「見返り美人図」菱川師宣（東京国立博物館 TNM Image Archives）

コラム１

「百人一首画帖」（跡見学園女子大学図書館）

コラム２

「お市の方像」（柴田神社）

コラム３

雛飾り（兵庫県　人形の陣屋〈https://www.jinya223.com/〉）

コラム７

『女房気質異赤縄』式亭三馬（アドミュージアム東京）

コラム８

「当時三美人」喜多川歌麿（千葉市美術館）

コラム９

「咲分ケ言葉の花　おちゃっぴい」喜多川歌麿（東京国立博物館 TNM Image Archives）

主要参考文献

『洗う風俗史』落合茂著、未来社（1984）
『「いき」の構造』九鬼周造著、藤田正勝全注釈、講談社（2003）
『ヴィジュアル百科江戸事情　服飾編』樋口清之監、NHKデータ情報部編、雄山閣（1994）
『浮世絵にみる江戸美人のよそおい』村田孝子著、ポーラ文化研究所編、ポーラ文化研究所（2017）
『浮世絵美人くらべ』ポーラ文化研究所編著、ポーラ文化研究所（1998）
『絵で読む江戸のくらし風俗大事典』棚橋正博、村田裕司編著、柏書房（2004）
『江戸「粋」の系譜』奥野卓司著、アスキー・メディアワークス（2009）
『江戸三〇〇年の女性美』村田孝子著、青幻舎（2007）
『江戸時代の流行と美意識　装いの文化史』谷田有史、村田孝子監、三樹書房（2015）
『江戸のきものと衣生活』丸山伸彦編著、小学館（2007）
『江戸の化粧品小間物店其他』花咲一男編、近世風俗研究会（1966）
『江戸文化の見方』竹内誠編、角川学芸出版（2010）
『絵本江戸化粧志』花咲一男編、近世風俗研究会（1955）
『江馬務著作集　第四巻　装身と化粧』江馬務著、中央公論社（1976）
『お江戸ガールズライフ』江藤千文・文、おおたうに・絵、ブロンズ新社（2005）
『男はなぜ化粧をしたがるのか』前田和男著、集英社（2009）
『歌舞伎事典』服部幸雄、富田鉄之助、廣末保編、平凡社（2000）
『狐火幻影　王子稲荷と芸能』北区飛鳥山博物館編、東京都北区教育委員会（2004）
『黒髪の文化史』大原梨恵子著、築地書館（1988）
『化粧史文献資料年表』村澤博人、津田紀代、村田孝子編、ポーラ文化研究所（2001）
『化粧道具』小松大秀著、至文堂（1989）
『化粧の日本史』山村博美著、吉川弘文館（2016）
『化粧の文化史』樋口清之著、国際商業出版（1982）
『化粧文化№6』村澤博人編、ポーラ文化研究所（1980）
『化粧文化PLUS　Volume6』ポーラ文化研究所編、ポーラ文化研究所（2013）
『化粧ものがたり』高橋雅夫著、雄山閣出版（1997）
『御殿女中』三田村鳶魚著、春陽堂（1930）
『装束の日本史』近藤好和著、平凡社（2007）
『図説　浮世絵に見る色と模様』近世文化研究会編、河出書房新社（1995）
『図説　着物の歴史』橋本澄子編、河出書房新社（2005）

『日本髪大全』田中圭子著、誠文堂新光社（2016）
『日本装身具史』露木宏編著、美術出版社（2008）
『日本の香り』松榮堂監、コロナ・ブックス編集部編、平凡社（2005）
『日本の化粧』ポーラ文化研究所編著、ポーラ文化研究所（1989）
『日本服飾史』北村哲郎著、衣生活研究会（1973）
『日本服飾小辞典』北村哲郎著、源流社（1988）
『日本服装史』佐藤泰子著、建帛社（1992）
『美女とは何か　日中美人の文化史』張競著、晶文社（2001）
『婦人たしなみ草：江戸時代の化粧道具』村田孝子著、ポーラ文化研究所（2002）
『平安朝のファッション文化』鳥居本幸代著、春秋社（2003）
『マキエ　No.26』ポーラ文化研究所編、ポーラ文化研究所（2006）
『眉の文化史』村田孝子・津田紀代編著、ポーラ文化研究所（1985）
『都風俗化粧伝』佐山半七丸著、速水春暁斎画図、高橋雅夫校注、平凡社（1982）
『娘たちの江戸』森下みさ子著、筑摩書房（1996）
『ものと人間の文化史　紅花』竹内淳子著、法政大学出版局（2004）
『ものと人間の文化史　化粧』久下司著、法政大学出版局（1970）
『ものと人間の文化史　香料植物』吉武利文著、法政大学出版局（2012）
『結うこころ』村田孝子編著、ポーラ文化研究所（2000）

ポーラ文化研究所　編著
編　集　鈴森　正幸
執　筆　川上　博子（第１章・第４章）
　　　　立川有理子（第２章・第３章）
　　　　徳野美和子（コラム）

ポーラ文化研究所

化粧からひろがる美しさの文化を学術的に探究している研究機関。1976年の設立以来、日本と西洋を中心に、古代〜現代の化粧道具や装身具、絵画、文献など化粧文化に関わる資料を収集し、化粧史および各時代の風俗や美人観の研究を行っている。収集した文化資産や研究で得られた知見は、出版物・展示・レクチャーなどでひろく公開している。

https://cosmetic-culture.po-holdings.co.jp

おしゃれ文化史　飛鳥時代から江戸時代まで

令和元年６月10日　初版第1刷印刷
令和元年６月20日　初版第1刷発行

編　著　ポーラ文化研究所
　　　　鈴森　正幸　川上　博子
　　　　立川有理子　徳野美和子
発行人　町田　太郎
発行所　秀明大学出版会
発売元　株式会社SHI
　　　　〒101-0062
　　　　東京都千代田区神田駿河台1-5-5
　　　　電　話　03-5259-2120
　　　　ＦＡＸ　03-5259-2122
　　　　http://shuppankai.s-h-i.jp
　　　　印刷･製本　有限会社ダイキ

ISBN978-4-915855-35-1 C0039